COLLECTION

DES

LOIS, CIVILES ET CRIMINELLES

DES ÉTATS MODERNES.

DEUXIÈME LIVRAISON.

Chez DUPONT et CAILLEUX, Éditeurs, rue de
Grenelle-Saint-Honoré, n° 55, hôtel des Fermes.

CODE CRIMINEL

DE L'EMPIRE DU BRÉSIL,

ADOPTÉ PAR LES CHAMBRES LÉGISLATIVES
DANS LA SESSION DE 1830.

TRADUIT

PAR M. VICTOR FOUCHER,

AVOCAT GÉNÉRAL DU ROI PRÈS LA COUR ROYALE DE RENNES,

ET PRÉCÉDÉ

D'OBSERVATIONS COMPARATIVES
AVEC LE CODE PÉNAL FRANÇAIS.

PARIS.

IMPRIMÉ PAR AUTORISATION DU ROI

A L'IMPRIMERIE ROYALE.

M DCCC XXXIV.

AVERTISSEMENT

DU TRADUCTEUR.

Le Code criminel de l'empire du Brésil ne répond pas entièrement à son titre; il n'est, à proprement parler, qu'un Code pénal, car il ne traite ni de la juridiction ni de la procédure en matière criminelle; comme pénalité, c'est une œuvre assez complète.

Fidèle au système que nous avons embrassé pour toutes nos traductions, nous avons négligé l'élégance du style, quelquefois même sa correction, pour nous attacher à rendre davantage la pensée du législateur, à la donner dans toute sa naïveté.

Ici surtout il y avait nécessité de suivre cette marche, car la formule employée pour rendre

l'idée y est tellement brève, la phrase tellement
resserrée, que c'est un type à part dans la con-
fection d'une loi, et un type qui mérite toute
l'attention du lecteur.

Dans un premier alinéa exprimer d'une manière générale, mais précise, le fait qu'on veut
qualifier et réprimer; dans un deuxième placer
la sanction pénale, tel est presque toujours le
plan mis à exécution.

Un exemple suffira pour rendre sensible ce
que nous disons; ouvrant au hasard le Code,
nous tombons sur l'article 196 : il est ainsi
conçu :

ART. 196.

« Aider quelqu'un à se suicider ou lui en
« fournir les moyens avec connaissance de cause.

« *Peine :* La prison de deux à six ans. »

L'avantage de ce mode, considéré comme
rédaction de dispositions *obligatoires*, s'aper-
çoit facilement.

Cette formule est excellente pour tous les
cas généraux se réduisant à ordonner ou défendre, se concentrant dans une affirmation ou une
négation; elle rend bien le langage du souverain
à l'égard du sujet, et on est toujours sujet de la

loi; mais elle perd beaucoup de sa pureté et de son harmonie toutes les fois qu'il faut spécialiser, parce que, d'une part, un substantif régissant la phrase au lieu d'un infinitif, et de l'autre, la sanction pénale étant conservée dans son alinéa séparé et toujours exprimée dans les mêmes termes, il n'y a pas de rapport entre les deux paragraphes.

Ce défaut devient encore plus palpable quand la sanction pénale, ainsi formulée, est placée après plusieurs alinéa où la règle générale et l'exception se trouvent tour à tour recevoir leur application.

Un exemple viendra encore à l'appui de notre raisonnement, qui, comme toute explication lexicographique, a besoin de ce secours pour se faire parfaitement saisir.

ART. 181.

« Ordonner l'emprisonnement ou ne pas or-
« donner la mise en liberté du coupable qui a
« donné une caution légale dans les cas où la loi
« l'admet :

. . . .

. . . .

« Le concierge qui aura, sans ordre écrit de

« l'autorité compétente, tenu quelqu'un au secret
« ou dans une prison autre que celle désignée
« par le juge. »

. . . .

. . . .

« *Peines :* La suspension de l'emploi d'un
« mois à un an, et la prison de quinze jours à
« quatre mois. »

On comprend parfaitement le motif qui a
porté le législateur à réunir sous une même ru-
brique tous les cas de semblable nature qu'il
entend soumettre à la même répression; il évite
ainsi ces antinomies si fréquentes dans nos Codes
européens. Sa pensée devient plus complète,
elle s'embrasse mieux; il y a plus: ces tournures
de phrases si choquantes en français, qu'elles
sont à peine correctes, le sont moins en portugais, langue flexible où la règle est à peine
indiquée et où l'idée est tout.

Le traducteur a cru devoir entrer dans quelques explications sur ce point, afin que chacun
sût qu'avec intention il a conservé à la formule brésilienne son individualité, tout étrange
qu'elle soit dans notre langue si despotique,
mais aussi si belle et si féconde.

En un mot, nous avons voulu, comme dans

la traduction du Code pénal autrichien, laisser à découvert la main-d'œuvre du Code dont nous donnons aujourd'hui la traduction et éviter aussi qu'on nous imputât un mécanisme qui n'est pas le nôtre et que nous avons seulement essayé de reproduire fidèlement.

DIVISION DES MATIÈRES.

Le Code brésilien se divise en quatre parties.

La première traite des principes généraux : quelles sont les infractions ? quelles sont les sanctions pénales ?

Le premier titre embrasse tout ce qui constitue les crimes, les aggrave ou les atténue ; il indique aussi quels sont les individus qui en sont responsables sous les diverses qualifications que la loi détermine.

Le deuxième établit l'échelle pénale, règle les incapacités qui sont le complément de certaines peines, il fixe le mode de leur infliction et de leur exécution.

La deuxième partie a pour but la répression des crimes publics.

Elle place en premier lieu les infractions contre l'existence politique de l'empire.

Ensuite les délits contre le libre exercice des pouvoirs politiques ;

Contre la libre jouissance et l'exercice des droits politiques des citoyens ;

Contre la sûreté intérieure de l'empire et contre la tranquillité publique ;

Contre le bon ordre et l'administration publique ;

Contre le trésor et les propriétés publiques.

La troisième partie embrasse les crimes particuliers.

Ils y sont classés dans l'ordre suivant :

Les infractions contre la liberté individuelle ;

Contre la sûreté individuelle ;

Contre la propriété ;

Contre les personnes et les propriétés.

La quatrième partie traite des crimes de police tels que les offenses à la religion, les sociétés secrètes, l'usage d'armes défendues ou de noms supposés.

Par cette analyse de la table on peut se faire une juste idée de l'ensemble du Code et des matières qu'il renferme.

On reconnaîtra enfin que les gradations sont en général bien observées et laissent peu à désirer.

OBSERVATIONS

SUR

LE CODE CRIMINEL DU BRÉSIL.

DES CRIMES.

Culpabilité. Tel est le mot légal employé pour exprimer la responsabilité encourue pour la commission d'une action défendue ou l'omission d'une action prescrite par les lois.

Qui dit coupable dit donc responsable.

Or, quels sont les éléments concourant à la formation de la responsabilité? tel est le premier problème à résoudre.

L'action ou l'omission suffiront-elles par elles-mêmes? ou à la matérialité de l'infraction faudra-t-il ajouter la volonté d'agir ou de ne pas agir?

Si l'on arrivait immédiatement à la mise en pratique, la solution pourrait varier selon l'ordre de violation.

Si l'on avait à discuter les différentes théories sur la

liberté de la volonté, soit que l'on adoptât la *vo-
luntas necessaria* de Spinosa, ou bien l'examen indé-
fini de l'école philosophique du XVIII° siècle, ce serait
une solution métaphysique qui servirait de prolégo-
mènes au code de chaque nation.

Mais aujourd'hui le principe est généralement con-
sacré et mis hors de discussion; on inscrit en tête
des tables de la loi, sans volonté pas de crime, *sine
voluntate non crimen;* aussi est-ce par cette disposition que s'ouvre le Code de l'empire du Brésil.

A ce premier élément constitutif du crime s'en
joint nécessairement un second; c'est la spécification
légale et antérieure des actes qui engagent la responsabilité.

A cet effet, chaque société doit rechercher, d'après
les principes moraux et politiques qui concourent à sa
conservation, tous les actes extérieurs qui les froissent où les violent, toutes les maladies qui peuvent
affecter ou faire périr le corps social, puis ensuite elle
doit en dresser le tableau, le publier, le promulguer,
afin qu'aucun de ceux qu'elle entend soumettre à son
joug ne puisse prétexter d'ignorance.

La seconde disposition du Code du Brésil porte
qu'il n'y a d'autre *crime* ou *délit* que ceux réprimés
par la loi et par une loi antérieure.

Un grand œuvre législatif s'ouvrant par la consécration de tels principes prévient en sa faveur, et à cette
première base on peut reconnaître la solidité de l'édi-

fice, car ces dispositions, placées comme la bannière qu'on ne doit jamais perdre de vue, arrêtent les législatures qui seraient tentées de s'en écarter, et elles donnent à leur ouvrage une fixité qui doit peu craindre les ravages du temps.

Cependant, si dès le premier pas nous reconnaissons que le législateur du Brésil est dans la voie de la vérité, nous devons signaler une confusion qui nuit à la régularité de la marche, à la division du travail : les expressions *crime* et *délit* sont déclarées synonymes par l'article premier du Code brésilien.

Cette confusion prive le rédacteur de la loi d'une classification méthodique fort utile, en ce sens que par la dénomination donnée à l'infraction on embrasse à la fois la compétence du tribunal et le genre de peines compris dans l'étendue du mot.

Cette synonymie ne se concevrait qu'autant que la même juridiction serait appelée à prononcer sur toutes les infractions, quelles que fussent leur gravité et leur espèce.

Le crime défini, il reste à en déterminer la tentative.

Le Code du Brésil en a emprunté la définition au code pénal français.

La répression y est autre.

En effet, si en France, à de rares exceptions près, on n'admet pas la tentative du simple délit, dès le moment où la loi l'atteint, elle est punie avec la même rigueur que le fait accompli.

b.

Au Brésil, au contraire, la tentative, bien que ré-
primée par le même genre de peines que le crime lui-
même, n'a pas une sanction pénale d'une aussi longue
durée; il doit y avoir un tiers de différence, et lorsque
des peines, perpétuelles ou la mort se trouvent prononcées contre le coupable du crime consommé, une
répression d'un ordre inférieur atteint le coupable de
simple tentative.

Ce- dernier système parait de beaucoup préférable
au premier; professé par la plupart des publicistes,
adopté par un grand nombre de législations étrangères, on conçoit peu les objections à présenter contre
son introduction dans notre pénalité [1].

Dès que la loi reconnaît qu'une circonstance for-
tuite, indépendante de la volonté de l'auteur, rend
seule le fait punissable pour la justice sociale, elle
doit admettre comme conséquence qu'il n'y a pas d'im-
putabilité si le fait même entrepris ne s'accomplit pas
par une cause dépendante de la volonté de l'auteur;
dès lors, qui peut assurer que si le cas fortuit qui a
empêché la consommation du crime n'était pas sur-
venu, le coupable, avant qu'elle fût parfaite, ne se
serait pas arrêté, épouvanté de son action, cédant à
ce sentiment intérieur qui agit de tant de manières
et si souvent instantanément au fond de notre cœur,

---

[1] Eventus spectetur, ut a clementissimo quoque facta... (quan-
quam lex non minus eum, qui occidendi hominis causa cum telo
fuerit, quam eum qui occiderit, puniat). Lex 16, §§ 8, ff. 48,
tit. XIX.

reculant devant le résultat de l'action, devant la responsabilité qu'il assumait sur sa tête?

Sans doute il n'y a là qu'une éventualité, mais la loi ne peut la dissimuler et la considérer comme simple subtilité, car le raisonnement dont elle ressort, basé sur l'équité, ne permet pas de n'en tenir aucun compte dans la distribution des peines; aussi Blackstone dit-il : « qu'il y a plus de perversité dans la con- « sommation que dans la tentative, parce que plus « l'homme approche du crime, plus il paraît révol- « tant. »

Voulût-on ne pas s'arrêter à ce premier et puissant motif de mieux graduer la peine de la tentative, nous dirions que n'avoir égard dans la répression qu'à l'intention serait faire abstraction des autres conditions nécessaires pour déterminer la peine, qui doit être calculée non-seulement sur l'intention de l'infracteur, mais aussi sur le préjudice causé, soit à la morale publique, soit à l'existence de la société ; or, lorsque ce dernier élément ne concourt pas, lorsque le dommage est nul ou presque nul, la répression doit s'en trouver modifiée.

Il n'y a pas là porte ouverte à l'impunité, puisque le fait reste tentative ou s'accomplit, indépendamment de la volonté du coupable; par la même raison cette concession faite à l'humanité ne peut être un encouragement pour le vice.

Nous pourrions même appeler cette amélioration,

un retour à l'équité, car qui oserait prononcer qu'en ne tenant aucun compte de la lésion matérielle on ne va pas au delà de la nécessité sociale. Les rédacteurs du Code pénal français ont trop oublié, « que « dès qu'on la dépasse d'un atome il n'y a plus de « justice [1]. » « Toutes les fois que le législateur, dit « Filangieri [2], passe le degré de sévérité nécessaire « pour réprimer l'affection vicieuse, il exerce un acte « de tyrannie; en effet, si la société doit être pro- « tégée, les droits des hommes doivent être respectés, « et on ne peut exiger d'eux que le sacrifice de cette « portion de liberté nécessaire pour conserver et dé- « fendre la sûreté publique. »

Passons maintenant à la complicité que le Code brésilien assimile à la tentative pour la peine, et pour laquelle il suit la même progression.

S'étendant comme en France à celui qui provoque au crime, cette pénalité se comprendrait peu; mais, réduite à ses véritables limites, elle est très-rationnelle, et nous devons désirer que, classant comme co-auteurs tous ceux qui ordonnent le crime, qui y poussent ou concourent directement à son exécution, on puisse, dans notre patrie, arriver à atténuer les peines de la complicité.

En effet, qu'est-ce que l'auteur d'un délit? est-ce seulement celui qui frappe ou qui se charge de la par-

---

[1] Traité du droit pénal, tome Ier, page 13, par Rossi.
[2] Science de la législation, 2e partie, chap. III.

tie matérielle de l'action? Autant vaudrait restreindre la signification du mot à l'instrument avec lequel la blessure ou l'effraction ont été faites.

L'auteur d'un crime, c'est surtout celui qui l'a machiné, comploté, arrêté, car il en est l'âme et, au plus haut degré, la machine motrice.

L'auteur d'un crime n'est donc pas seulement le manœuvre dans l'action, et c'est là l'erreur dans laquelle on est tombé, erreur grave en matière de législation, erreur préjudiciable aux intérêts de l'humanité, dérogatoire aux principes d'une saine justice distributive, erreur enfin qui force à punir de la même peine l'auteur et le complice, le simple recéleur et l'assassin; confusion étrange que l'équité repousse, dont le simple bon sens fait raison, qui ne conduit qu'à l'impunité et tend à enlever à la loi cette force morale sans laquelle elle ne peut longtemps subsister.

Nous savons que, reculant, dans quelques cas, devant la rigueur des conséquences de la règle posée, on a dû, pour en pallier le vice, le déguiser sous un fantôme de philanthropie et y faire de nombreuses exceptions; mais que prouvent ces exceptions, dont le cercle s'agrandit à mesure que l'opinion publique exige de nouvelles améliorations à notre système pénal, si ce n'est le vice de cette règle?

Qu'on ne s'arrête pas devant la crainte de trop compliquer les classifications des responsables et de nuire ainsi à la clarté, qui, il faut le dire, est le premier mérite pratique d'une loi pénale; car nous ne proposerons pas d'admettre ces belles théories de quelques publicistes qui, voulant arriver à une distribution, de peines plus mathématiquement en rapport avec la part prise à l'infraction, ont été conduits à des subdivisions que, dans leurs hautes combinaisons, ils auraient peut-être dû pousser encore plus loin, car, une fois dans cette voie, le point d'arrêt sera toujours arbitraire tant qu'il y aura des degrés admissibles. Nous ne demanderons pas non plus que, comme dans plusieurs législations et en particulier dans les lois anglaises et dans le nouveau Code de la Louisiane, on reconnaisse des complices et adhérents avant le fait et des complices et adhérents après le fait, bien que ce soit l'idée que nous poursuivons qui ait dû donner naissance à ces distinctions. Nous ne demanderons pas davantage que l'on divise les complices en plusieurs classes comme dans le Code pénal général autrichien, parce que, sans faire de toutes ces nuances des classifications légales; on arrive au même but par la latitude laissée aux juges dans l'appréciation de la peine. C'est peut-être à la mauvaise organisation judiciaire de quelques pays qu'on doit la plupart de ces délimitations de la loi, qui lui font quitter sa sphère pour se mettre au lieu et place de la justice distributive.

Contentons-nous donc d'admettre parmi les co-auteurs tous ceux des délinquants qui sont coupables au même degré et de rétrécir le cercle des complices afin de frapper ces derniers plus équitablement et moins fortement.

Puisque nous sommes à traiter de la criminalité des actions et de leur degré de gravité, nous devons parler de la responsabilité des imprimeurs et des éditeurs en matière de presse.

Nous reconnaîtrons d'abord que cette liberté de tout dire, d'exprimer toutes ses pensées, doit avoir des bornes, que le frein doit avoir pour effet de prévenir et de punir l'émission de toute doctrine violant la morale publique, tendant au bouleversement des institutions établies comme mode de conservation; mais aussi nous pensons que la loi, aphorisme de la nécessité sociale, ne doit apporter de restriction a ce droit qu'autant qu'il y a à craindre une collision entre les pouvoirs conservateurs et l'influence progressive qui, lorsqu'elle est trop gênée dans ses allures, se fait jour violemment, brise les digues qu'on lui impose, si elle ne détruit pas l'édifice social pour le maintien duquel ces digues avaient été élevées.

Au Brésil on a parfaitement compris l'état de la question.

Le législateur a posé le principe de la responsabilité; mais, celle-ci une fois assise, il en a déjà dégagé tout coopérateur secondaire.

De là pas de complicité, pas de cumul de criminalité; ainsi pas de culpabilité pour l'imprimeur, s'il y a un éditeur, homme connu, résidant dans l'empire, en

jouissance de ses droits politiques, assumant sur lui
et par écrit la responsabilité; de même, pas de culpabilité pour l'éditeur ayant une obligation semblable
émanée de l'auteur réunissant les mêmes conditions,
à moins qu'il n'agisse dans sa cause personnelle.

En France on n'a pas assez réfléchi qu'en étendant
simultanément la responsabilité à plusieurs, l'imputation est devenue moins saisissable pour les juges.

Il faut ajouter que cette latitude abandonnée à la
partie poursuivante froisse l'individualité par l'espèce
d'arbitraire qui en est la conséquence naturelle.

Mais la détermination des conditions à exiger pour
couvrir la responsabilité des coopérateurs est un problème qui présente plus d'une difficulté, et jusqu'à sa
solution la législation en vigueur doit être maintenue.

DES PEINES.

Nous avons souvent entendu appeler la peine la
vengeance de la société; cette qualification n'était d'a-
bord qu'une métaphore empruntée aux livres saints,
qui furent les premières lois écrites; mais depuis
elle a été prise comme théorie, et Hobbes [1], divisant
les lois en deux parties, a appelé la première la *distributive*, la seconde la *vindicative;* or, cette dernière est la *peiniaire*, comme dit son vieux traducteur et ami Sorbière.

[1] De cive, cap. xiv.

Nous ne nous serions pas occupé ici de cette définition, si elle ne devait être envisagée que sous le rapport historique ou grammatical; mais, comme nous croyons qu'elle a conduit à des conséquences erronées et fâcheuses, qu'elle a perverti le langage des lois, nous avons saisi cette occasion d'appeler l'attention des publicistes sur ce point important de la législation; voici d'ailleurs notre pensée dans toute sa simplicité:

La vengeance est une passion et non un droit;

·La vengeance n'admet pas la présupposition du droit et de l'*in-droit* (in-recht), suivant l'expression de la langue allemande;

Mettre la passion au lieu et place du droit, c'est violer les premières maximes de l'équité;

Dès lors, appeler la peine la vengeance de la société, c'est fausser l'origine du droit de répression que la société tient des pouvoirs qui lui ont été remis du consentement exprès ou tacite de tous ceux qui la composent.

·Maintenant que les praticiens recueillent leurs souvenirs, et ils trouveront dans l'application de cette fausse doctrine la clef de beaucoup de décisions judiciaires. Personnellement nous avons par devers nous plusieurs observations, et c'est même en voulant nous rendre compte des motifs de certains jugements qu'on ne pourrait qualifier de *verdicts*, que nous avons été conduit jusqu'à cette source.

S'il était permis d'introduire de la doctrine dans

le texte de la loi, nous voudrions qu'en tête de toute pénalité on inscrivît ce précepte :

« La société ne se venge pas; elle réprime seule-
« ment les infractions aux lois [1]. »

Là serait un haut enseignement pour les juges de ne pas se laisser guider par leurs sensations, et pour les défenseurs des intérêts privés, de ne pas en appeler aux passions.

Sans doute ce principe doit être au fond de chaque conscience, il en est le cri en quelque sorte, mais est-ce un motif pour ne pas en faire une disposition écrite? Si, sous ce prétexte, on voulait écarter notre proposition, nous demanderions où serait le besoin d'inscrire dans le livre des lois civiles tant d'obligations de droit naturel dont nous avons tous moralement le sentiment?

Lorsque pour froisser le principe il faudra violer la loi sociale, l'homme tenté de céder à l'empire de ses passions y regardera davantage; il craindra le blâme légal, et le langage de la modération, que quelque part on a appelé la vérité, trouvera non-seulement sa justification et un appui dans les com-

---

[1] Dans le projet, si remarquable, de Code pénal pour la Louisiane rédigé par M. Livingston, on lit, à l'introduction du livre II, formant corps avec le Code : «La loi ne connaît pas la vengeance; le seul but des punitions est de prévenir la commission des crimes. » Dans ce pays on n'a pas pensé que la consécration *légale* de ce principe fût une puérilité, on en connaissait trop l'importance pour la passer sous silence.

mandements sociaux, mais encore ce principe, peu à peu, prendra nécessairement cette force morale sans laquelle la loi voit son prisme brisé.

Nous voudrions voir ce premier article de tout système pénal suivi d'un second qui nous en paraît le corollaire : nous voulons parler du but de la peine.

Il est tant de théories sur ce sujet, chacun peut si bien, en infligeant une sanction pénale, se proposer une fin autre que celle de la société, qu'il y a nécessité pour empêcher les rayons de diverger, pour les ramener tous vers un même centre, et pour fixer toutes les interprétations, de faire déterminer le but de la peine par la loi elle-même. Il y a nécessité aujourd'hui surtout où l'école allemande, pesant de plus en plus de son influence scientifique sur notre législation, pourrait la vernir de cette idéologie dont nous la croyons trop empreinte. Hegel, par exemple, définit la punition « le droit du coupable, parce « qu'elle le fait venir à son état normal, qui est la « justice, et restaure dans son cœur le principe du « bien; » ce qui n'est envisager la répression que sous une de ses fins; ce qui fait supposer dans les sociétés une perfectibilité qui malheureusement ne sera jamais qu'une utopie.

Cependant la plupart des publicistes reconnaissent à toute loi pénale un triple but. Sénèque l'explique avec une clarté et une précision telles que son texte est toute la disposition que nous réclamons. « *In*

« *vindicandis*, dit-il, *injuriis hæc tria lex secuta*
« *est, quæ princeps quoque debet, ut eum quem*
« *punit, emendet; aut ut pœna ejus cæteros reddat*
« *meliores, aut ut sublatis malis securiores cæteri*
« *vivant.* »·

L'indication dans la loi du but que s'est proposé
le législateur par l'infliction des peines serait donc
une règle pour le juge, qui alors dans la délimitation
de la quotité à prononcer ne pourrait plus se laisser
égarer par ses propres vues, par ses doctrines particulières, ou au moins ne pourrait le faire sans
manquer à ses devoirs, sans oublier qu'il n'est que
le ministre de cette loi [1].

Cette insertion nous paraît d'autant plus utile
qu'avec raison on donne chaque jour plus d'élasticité
à la loi, qu'on se fie davantage aux lumières des magistrats, et que dès lors il est nécessaire que la société
elle-même indique l'esprit dans lequel elle veut que
les juges fassent usage des pouvoirs qu'elle leur dé-
lègue.

Ces deux idées mères devenues des doctrines sacra-
mentelles, entrées dans le droit privé de la nation,
et le fécondant en quelque sorte, nous arrivons à la
recherche des peines en elles-mêmes, de celles qu'on
accueillera et de celles qu'on rejettera.

Recherchant d'abord quelle est la classification

---

[1] *Vereque dici potest magistratum legem esse loquentem, legem
autem, mutum magistratum.* (Cicero, de legib. lib. III.)

des peines adoptées dans le Code du Brésil, nous n'en trouvons pas; aucun article n'indique quelles sont celles que le législateur emploiera comme mode de répression.

Nous considérons cette absence de disposition générale comme un vice dans la loi, puisqu'elle empêche d'apercevoir par la sanction pénale appliquée l'ordre de fautes auquel appartient le fait réprimé.

Ce vice est une conséquence de la synonymie qu'on a donnée dans le Code du Brésil aux mots *crime* et *délit* .

Lorsque nous en cherchons la cause, nous sommes porté à la trouver dans la crainte qu'aura eue le législateur de tomber dans l'excès contraire, et de se trouver forcé d'arriver, comme en France, jusqu'à déterminer et classer l'infamie dans l'échelle des peines [1].

Néanmoins, dans le livre des peines du Code du Brésil, chacune de celles dont on veut faire l'application se trouve définie et on y indique les incapacités civiles qu'elles entraînent; or, c'est tout ce que la société peut exiger comme pouvoir répressif et conservateur; car que donne-t-elle aux individus qui la forment? des droits; ce sont donc ces avantages

[1] La distribution de l'honneur et de l'infamie est exclusivement du ressort de l'opinion, quand la loi veut y intervenir, l'opinion se cabre et annule les arrêts législatifs. (Benjamin Constant, comment. sur Filangieri, 1re partie, chap. VII, p. 43.)

qu'elle peut reprendre, et c'est dans ce sens que
Filangieri [1] dit que « la peine est cette partie de la
« loi par laquelle on offre au citoyen ou l'observation
« d'un devoir social, ou la perte d'un droit. »

L'absence de classification des peines est encore
suppléée au Brésil par celle des délits eux-mêmes.
La plupart ont trois degrés, selon que les circonstances aggravantes ou atténuantes prédominent ou se
balancent; lorsque les premières l'emportent, on
prononce la peine spécifiée dans la loi pour le délit
commis dans son plus haut degré de gravité; lorsque
ce sont, au contraire, les circonstances atténuantes qui
surgissent, on inflige au coupable la peine du délit dans
son moindre degré de gravité; si les unes et les autres
se balancent, c'est la peine du délit dans son degré
moyen qui est appliquée : un exemple rendra cette
explication plus sensible.

ART. 145.

« Commettre quelques violences dans l'exercice de
« son emploi ou sous le prétexte de l'exercer. »

« *Peines :* La perte de l'emploi pour le plus haut de-
« gré (*no grào maximo*), la suspension pendant trois
« ans pour le degré moyen (*no grào medio*), et pendant
« un an pour le moindre degré (*no grào minimo*). »

Quelque bizarre qu'il soit pour nous, faits à un
autre ordre d'idées, ce mode se conçoit dans une loi

[1] 2e Partie, chap. II.

où les preuves sont réglées, où le juge n'a qu'à appliquer un texte aux faits matériels résultant d'une instruction ; mais en France et en Angleterre, où une civilisation avancée a fait justice de cet asservissement de la conscience, de cette foi due à un certain nombre de témoignages, on y a renoncé le jour et partout où l'institution du jury a été introduite.

Une conséquence de cette classification des peines et des circonstances qui les accompagnent a été de déterminer les circonstances atténuantes ou aggravantes ; hors de cette nomenclature, il y a exclusion de toute autre et particulièrement de ces mille nuances, si importantes à apprécier, qui font que pas un seul crime n'est d'une gravité identique avec un autre.

Dans ce système, le juge ne décide plus selon sa conscience, mais avec son livre qu'il ouvre, et qui lui trace impérieusement son jugement ; il n'est plus que le rouage monté pour rapprocher le fait qualifié du texte qui s'y adapte.

Nous ne saurions trop nous élever contre cet esprit soupçonneux du législateur, qui enchaîne les ministres de la loi et les rend esclaves d'un texte ; contre cette présomption qui le porte, méconnaissant l'essence de la justice distributive, à descendre au lieu et place des magistrats, croyant avoir répondu à tout en conservant les formes extérieures sous lesquelles il révèle sa volonté aux hommes.

Comment ne voit-il pas qu'il rend ainsi la loi complice, et, pour mieux dire, seule responsable des jugements rendus ? comment n'aperçoit-il pas que c'est la loi elle-même qui est attaquée corps à corps, et que dans cette lutte elle doit être détrônée ?

Ce système, qui ne se comprend que sous une forme de gouvernement despotique, où tout émanant de la volonté du souverain, s'y rapporte nécessairement, ne peut se soutenir dans une société constitutionnelle où l'ordre judiciaire inamovible est dans l'état un pouvoir auquel on ne toucherait pas sans qu'il en résultât une perturbation, pouvoir qui doit avoir un libre arbitre dans sa sphère, afin que la marche régulière de la machine sociale soit assurée.

Que l'on considère les institutions pénales de la France : par elles seules on peut juger de la forme comme de l'esprit des gouvernements qui s'y sont succédé.

L'assemblée constituante, dans son code pénal de 1791, était arrivée à des idées d'humanité dont plus tard on s'écarta trop ; la peine de mort réduite à la perte de la vie, l'abolition de la gêne, véritable type du système pénitentiaire, tout annonçait en elle des vues véritablement philanthropiques ; et sans la crainte de l'influence parlementaire, qui l'avait portée à niveler l'ordre judiciaire, de bons résultats auraient couronné son œuvre.

La Convention, avec sa seule devise *la liberté ou la mort*, nous rappelle de prime abord ce temps d'orage où le plus affreux despotisme dévorait notre belle patrie réduite au silence par la permanence des échafauds.

Le Code de l'an IV était un retour aux sages dispositions de la loi de 91 ; de larges principes de liberté individuelle, consacrés par la formule légale, en faisaient les premières dispositions.

Le Code de 1810 si sévère, si roide, et cependant empreint d'un caractère d'unité et de justice qui l'a mis, tout imparfait qu'il est, au premier rang des législations pénales existantes, peut encore servir à préciser cette époque de gloire, de grandeur, dont l'orgueil national s'enivrait tant qu'elles lui cachaient la servitude à laquelle les populations étaient condamnées par une centralisation excessive, le mutisme des représentants et la censure de la presse.

Enfin, la loi du 25 juin 1824 et celle d'avril 1832 témoignent tout à la fois de l'agrandissement de la pensée publique, travaillant sourdement au milieu des commotions politiques, du besoin que nous éprouvons de donner de la force et de l'étendue à nos institutions, et enfin, de la nécessité de ne pas engager l'existence morale de la loi dans chaque instance judiciaire.

Que le législateur reste donc à la hauteur de sa mission, qu'il se contente de poser des bornes à la sévérité comme à la clémence du juge ; qu'il l'empêche d'être hors du juste ; qu'il se rappelle surtout cette belle pensée de Montesquieu, que « plus les « hommes approchent de la liberté, plus ils doivent « être modérés. »

Après avoir parlé de la pénalité en général, de sa constitution, de l'influence qu'elle exerce sur le magistrat, examinons-la dans ses spécialités.

Et d'abord, la mort, car malheureusement cette terrible peine est encore nécessaire : elle est encore pour certains pays comme pour certaines phases sociales, pour certains faits comme pour certains hommes [1], le seul frein qui soit au pouvoir de la société.

C'est en vain que pour battre cette peine en brèche, pour la démolir (comme on dit), on s'en prend à l'ordre social lui-même, qu'on l'attaque dans ses institutions les plus belles, les plus généreuses, qu'on jette un brandon incendiaire, sans examiner si le feu se communiquant de l'échafaud, on ne sera pas soi-même enseveli sous ce foyer qu'on aura allumé presqu'en se jouant.

Cependant nous nous hâtons de déclarer que cette peine irrémissible, qui suppose presque de l'infaillibi-

---

[1] Il est si certain que la crainte de la mort augmente le trouble et le malheur des prisons, qu'il n'y a aucun de ces scélérats qu'on mène au gibet, qui ne regardera comme une faveur la prison la plus dure et les travaux les plus pénibles. Un assassin croit faire le plus grand mal à son ennemi en lui ôtant la vie, il regarde donc la mort comme le plus grand des maux, c'est donc par la crainte de perdre la vie qu'il faut arrêter les emportements de la haine et de la vengeance. (Mably, De la législation, liv. III.)

lité aux jugements humains, ne peut être appliquée que dans 'les cas les plus rares ; que l'abus qu'on en fait, en la rendant odieuse, lui enlève même son caractère de peine exemplaire, et détruit dans les esprits cet effroi qu'elle doit causer.

Le législateur du Brésil paraît avoir été pénétré de ces idées : il a réduit l'application de la peine capitale à quelques espèces, telles que l'assassinat pour voler, la révolte d'esclaves, et il en repousse l'emploi dans les matières politiques.

Après la peine capitale, viennent naturellement celles qui privent le coupable de la jouissance de la liberté individuelle ; sous ce rapport, le Code du Brésil en est encore à classer les *galères* en première ligne.

Dans une nouvelle législation qui renferme la prison avec travail et la prison simple, on ne devait pas s'attendre à trouver cette peine des galères où, suivant le langage d'un profond publiciste, « les « gouvernements paraissent jouer au plus méchant, « au plus fort avec les condamnés ; où chaque nouveau- « venu est une proie livrée à des harpies impa- « tientes de lui arracher tout ce qui lui reste de vie « morale [1]. »

Dans l'application de cette peine il y a au moins au Brésil amélioration pour ce qui concerne l'âge auquel les condamnés la subissent.

[1] Rossi, liv. III, chap. IV.

Les mineurs de moins de vingt-un ans, les majeurs de plus de soixante ans, contre lesquels la loi prononcerait les galères, ont leurs peines commuées en celle de la prison avec travail.

En France, le même principe se trouve consigné dans le Code pénal, mais d'une manière étroite; l'adolescence y reste flétrie et la vieillesse accablée.

En effet, ce n'est qu'au-dessous de l'âge de seize ans d'une part, et au-dessus de soixante-dix ans de l'autre, que l'on peut jouir du bénéfice de la loi.

Seize ans et les galères! soixante-neuf ans et les galères! la morale et l'humanité s'élèvent contre de telles limites. Seize ans! quel avenir enfoui dans un bagne! Soixante-dix ans! quand les portes du tombeau vont s'ouvrir!

La prison avec travail, avec isolement, voilà, selon nous, le seul mode de punition dont on puisse attendre d'heureux résultats, voilà la peine par excellence dans les états civilisés.

D'abord indiqué par le chef de l'école des utilitaires, puis mis en pratique aux États-Unis et en Suisse, le système pénitentiaire [1], s'étendant à toute

---

[1] Que ceux qui veulent connaître à fond toutes les ressources de ce système lisent les ouvrages savants et spéciaux de MM. Charles Lucas, Beaumont et Tocqueville, où la matière est approfondie avec un talent consciencieux qui a réduit au néant les principales objections que la routine et la crainte d'innover ont tour à tour élevées.

l'Europe, commence à s'introduire dans notre pays.

Déjà nous avons eu occasion, lors de l'examen d'un autre code (le Code autrichien), de le mettre en parallèle avec nos travaux forcés, et par ce seul rapprochement d'en faire ressortir la supériorité. Maintenant il nous reste à répondre à l'objection relative à l'état de dégradation morale auquel on a voulu faire descendre les condamnés qui subissent certaines peines.

Ce n'est que d'incapacités que la loi peut frapper les coupables, selon le délit et la peine; dès lors qui empêche que ces incapacités ne s'attachent à la prison avec ou sans travail comme aux galères ? On a même reconnu cette possibilité par l'admission de la réclusion parmi nos peines dites afflictives et infamantes : ainsi, la suspension ou la perte de certains droits civiques ou civils serait la conséquence de la répression de telle infraction ou de telle peine; nous disons de l'un ou de l'autre, car, comme chacun des faits que la loi pénale veut atteindre doit être explicitement dénommé, puisqu'en pareille matière tout est *stricti juris,* il est mieux, après avoir formé l'arsenal des armes dont l'emploi seul est permis à la justice distributive, d'y puiser ensuite pour chaque espèce et d'y choisir celle dont l'usage doit être le meilleur pour réprimer le vice qu'on veut atteindre.

Après avoir examiné les peines qui consistent

dans une main-basse complète sur la liberté individuelle, parlons de celles qui ne font qu'en restreindre l'usage ; savoir, de celles. qui éloignent le
coupable des lieux du délit, ou de ceux dont il
fait sa résidence habituelle. Ce genre de répression, dont nous ne faisons guère qu'une ressource
de police, est, chez la plupart des autres nations,
celui qu'on a le mieux apprécié et dont l'application se fait avec toutes, les graduations dont il est
susceptible.

En Angleterre il est presque toute la pénalité[1] ;
dans l'empire autrichien il se subdivise en deux ou
trois branches; dans le Code, objet de notre travail,
on l'applique, comme peine principale et comme
peine accessoire, sous la triple dénomination de bannissement, de déportation ou d'exil.

Le bannissement est l'expulsion à perpétuité du
territoire de l'empire; il prive des droits de citoyen.

La déportation est l'obligation de résider en un
lieu déterminé par la sentence sans pouvoir en sortir
pendant le temps qu'elle fixe.

L'exil consiste en l'éloignement des lieux du délit,
de la principale résidence de la partie offensée et de

---

[1] Je n'entends pas ici approuver la transportation appliquée
comme une panacée universelle. Voyez sur l'efficacité de cette
peine appliquée à toutes espèces d'infractions un excellent article
de M. Mittermaier dans la Revue de législation étrangère, 1er nu-
méro.)

celle du condamné pendant le laps de temps déterminé par la sentence.

Ici les trois nuances sont parfaitement distinctes, et chacune des expressions légales conserve dans sa définition son sens grammatical.

Envisagé sous le rapport répressif, il est facile de reconnaître de quelles heureuses conséquences l'application de ces peines doit être suivie.

En effet, l'homme diffamé, frappé, ou atteint dans son honneur, par le fait d'un tiers, sera-t-il exposé à le rencontrer à chaque pas?, devra-t-il voir le délit renaître, se vivifier par la présence immédiate et continue de son auteur? la haine s'arrêtera-t-elle devant la loi?

La ville dont la tranquillité a été troublée, dont les habitants ont vu leur sûreté compromise par suite des machinations de quelques perturbateurs, sera-t-elle condamnée à voir ses inquiétudes se prolonger par la présence de ceux-ci dans son sein?

L'état dont les institutions ont été attaquées par des hommes qui en veulent le renversement sera-t-il assujetti à les conserver, à avoir les yeux constamment fixés sur des volcans toujours prêts à faire éruption?

Non, les sociétés reçoivent de leur essence même tous les pouvoirs nécessaires pour se conserver, et quoi de plus naturel que ce langage tenu à l'infracteur :

« Vous avez cherché à renverser l'ordre de choses
« établi, vous avez voulu porter la perturbation parmi
« les pouvoirs de l'état, vous avez ainsi rompu le lien
« qui vous y unissait; vous devenez, à l'avenir, un
« objet de crainte fondée pour sa sécurité. Eh bien !
« cet état vous retire sa protection, il vous enlève les
« droits que vous teniez de lui, il vous oblige à vous
« éloigner de son territoire ; du reste, allez sur toute
« autre terre, chez toute autre nation plus en rapport
« avec vos opinions. Là, vous pourrez revivre sociale-
« ment ; mais ne vous en plaignez pas, vous connais-
« siez le contrat, vous l'avez déchiré ; il dépendait de
« vous de l'exécuter, votre libre volonté vous a guidé ;
« supportez-en le résultat. »

Ce même raisonnement ne peut-il se faire, dans des
sphères moins élevées, à l'homme qui a troublé la
tranquillité d'une ville par une de ces actions qui la
froissent dans son repos, ou l'épouvantent par le
scandale qu'elle a occasionné, à l'homme dont l'aspect
immédiat et continu fera monter le rouge au front de
la jeune fille qu'il aura souillée de ses impurs et vio-
lents embrassements ?

Cependant, loin de notre pensée de remettre une
pareille arme aux mains de la seule puissance exé-
cutrice, d'en réclamer l'usage comme moyen pré-
ventif ! ce langage serait celui des lois d'exception et
il ne nous convient pas. Nous sentons trop le prix
des liens de la famille pour les remettre à la merci

d'un pouvoir discrétionnaire; nous comprenons trop ce qu'a de sacré la liberté individuelle, pour l'étrangler sous le prétexte de la garantir; aussi est-ce d'une peine judiciaire que nous parlons, et une peine judiciaire ne peut s'appliquer qu'à un fait déclaré répréhensible par une loi antérieure; *lex dat formam futuris, non præteritis negotiis*, dit la loi romaine.

Après les peines qui frappent l'homme dans sa liberté, qui la lui ravissent ou qui en amoindrissent l'effet, viennent celles qui ne touchent qu'aux moyens d'existence, à la position sociale ou à l'avoir.

Dans le Code brésilien, elles se divisent en deux branches bien distinctes:

1° Les peines qui dépouillent le coupable à toujours, ou momentanément, du pouvoir que son emploi lui donnait, l'en privent pour en avoir abusé, et ainsi lui enlèvent ses moyens actuels d'existence;

2° Les peines qui, ne le frappant que dans son industrie, dans ce qu'il a amassé soit par lui-même soit par les siens, sont d'un ordre inférieur.

Les premières sont la perte ou la suspension de l'emploi.

Les secondes, purement pécuniaires, sont les amendes.

La perte ou la suspension de l'emploi déclarées peines, infligées principalement, annoncent la fixité des fonctions publiques, témoignent de l'indépendance des fonctionnaires, qui semblent dès lors tout tenir de la loi; c'est un régime légal poussé jusque dans les dernières limites.

Les amendes ont au Brésil une autre base qu'en France; elles n'y sont pas illusoires pour l'homme riche et cruelles pour le pauvre, qui le plus souvent les paye de sa personne.

En France, forçant l'égalité devant la loi jusqu'à la fausser et la dénaturer, l'amende n'a pour base que le délit, quel que soit l'individu qu'elle frappe, comme si quinze francs à débourser pour le riche étaient pour lui la même peine que l'est pour le pauvre la même somme gagnée à la sueur de son front et arrachée à la subsistance de sa famille[1].

Au Brésil l'amende doit être calculée sur ce que le condamné peut retirer chaque jour du revenu de ses biens où de son industrie.

Voilà le véritable principe.

Dans le Code pénal autrichien il est mis en pratique et on y lit souvent cette formule, *amende proportionnée aux moyens du coupable.*

En Angleterre il fait partie du droit public de la nation : la grande charte (articles 25, 26, 27 et 28) porte « que la peine pécuniaire doit être propor-

---

[1]. Est-il égal de condamner à payer cent pistoles un financier opulent, un ouvrier utile, à qui son industrie journalière procure une aisance honnête, et un homme sans état, sans talents, sans

« tionnée aux facultés et à la situation du coupable,
« qu'elle ne doit jamais être assez forte pour obliger un
« fermier d'abandonner son champ, un marchand ou
« un négociant de cesser son trafic, et un laboureur de
« vendre ses instruments de culture. »

·Le Code rural français de 1790 et celui de brumaire
an IV avaient aussi appliqué ce principe aux infractions qu'ils répriment; mais ce germe a été étouffé :
on a été effrayé d'avoir à calculer le prix de la journée
dans chaque commune, à relever l'assiette d'impôts
de chacun, et on a nivelé les capacités financières
et on les a toutes jaugées avec la même mesure sans
tenir compte des lieux et des·positions sociales.

Pour remédier, autant que·possible, au vice de
ce système on élargit chaque jour les limites dans
lesquelles le ⸱juge ·peut trouver la répression pécuniaire pour chaque infraction; mais ce n'est qu'un
palliatif souvent inefficace.

Les réparations civiles et le payement des frais
de justice sont encore des peines·pécuniaires, bien
que d'un ordre inférieur et simplement conséquences

richesse et presque sans ressources? Si le prix absolu de l'argent
est toujours le même, quelle variété n'a pas sa valeur relative,
quand on l'applique à la misère ou à l'opulence! Cependant une
faute semblable étant punie dans le riche et dans le pauvre par
la même valeur pécuniaire, ce dernier est puni un million de fois
plus que le premier. Ainsi, la législation redouble toujours de
sévérité envers le citoyen qui mérite la bienveillance publique.
(Pastoret, Des lois pénales, 3e partie, chap. x, art. 9.)

ou d'une autre peine ou au moins d'un quasi-délit.

Le Code brésilien les enregistre, et par son article 30 il veut que la satisfaction complète de l'offensé soit toujours préférée au payement des amendes.

En France l'article 54 du Code pénal contient une disposition semblable, mais le fisc a su échapper à l'application de cet article, en forçant les parties civiles à avancer les sommes nécessaires aux frais du procès et en les faisant condamner toujours, qu'elles succombent ou non, au payement de tous les frais, sauf le recours contre le condamné le plus souvent insolvable; cette doctrine, introduite comme conséquence des articles 66, 67 et 368 du Code d'instruction criminelle par l'article 157 du décret du 18 juin 1811, auquel la jurisprudence de la cour de cassation donne force de loi, ne détruit-elle pas le premier principe posé? En effet, d'une part, pour la restitution et les dommages-intérêts auxquels on a droit, il faut se porter partie civile, et si, de l'autre, on prend cette qualité, on assume sur soi tous les frais, et cela, en matière correctionnelle comme en matière criminelle, que la poursuite ait été intentée sur la plainte de la partie lésée, ou spontanément par le ministère public dans l'intérêt social. Quoi! un crime est commis, il blesse l'universalité de la cité en même temps qu'il lèse un de ses membres, et si ce citoyen veut réclamer, en son nom, l'indemnité à laquelle il a autant de droit que l'état à une réparation pour la transgression à la loi générale, s'il veut ressaisir la chose qui est sa propriété, qui lui a été enlevée, dont la soustraction constitue le délit, il ne le peut qu'autant qu'il couvrira les frais mêmes de l'état! Sans doute par ce moyen le fisc est parvenu à éloigner beaucoup de demandes, à éviter la concurrence sur les dépouilles du condamné, mais ces réclamations en sont-elles moins justes? les indemnités moins dues? et parce que c'est la voix du pauvre qui se fait entendre doit-elle être moins écoutée?

Au dix-neuvième siècle nous sommes réduits à solliciter ce qu'au seizième l'équité avait fait accorder par Charles IX : dans l'ordonnance de 1561 on trouve un texte portant que « les délits devront être poursuivis sans attendre la plainte des parties intéressées, « que les magistrats ne peuvent contraindre à se « rendre parties et à avancer les frais, si volontairement elles ne les offrent et veulent faire, à peine « de privation de leur état. »

Ici se closent les observations que nous avions à faire sur les dispositions générales du Code brésilien : elles dénotent en général un avancement vrai dans les voies philanthropiques, mais nous devons, avant de mettre le signet, faire mention de quelques articles qui terminent le livre des dispositions préliminaires.

Ainsi on admet, en principe, le cumul des peines, on rejette celui de la prescription, et le pouvoir modérateur embrasse dans son droit de grâce celui de faire remise même des condamnations civiles.

Quel retour vers le passé, et quel passé! quelle violation des droits privés et de ceux de l'humanité! elle est telle qu'il suffit d'énoncer de pareilles doctrines pour que l'opinion en fasse justice.

CODE CRIMINEL

DE L'EMPIRE DU BRÉSIL.

———

Don Pédro, par la grâce de Dieu et par les acclamations unanimes du peuple, empereur constitutionnel et défenseur perpétuel du Brésil, faisons savoir à tous nos sujets que l'assemblée générale a décrété et que nous avons agréé la loi qui suit :

PREMIÈRE PARTIE.
DES CRIMES ET DES PEINES.
———

TITRE Iᵉʳ.
DES CRIMES.

———

CHAPITRE Iᵉʳ.
DES CRIMES ET DES CRIMINELS.

ARTICLE 1ᵉʳ.

Il n'y aura pas de crime ou de délit (expressions synonymes dans ce Code) sans une loi antérieure qui le qualifie.

1

Art. 2.

Sera crime ou délit :

1° Toute action ou omission volontaire contraire aux lois pénales ;

2° La tentative de crime, quand elle sera manifestée par des actes extérieurs et par un commencement d'exécution, et lorsqu'elle n'aura manqué son effet que par des circonstances indépendantes de la volonté du délinquant.

La tentative de crime ne sera punie qu'autant que le crime lui-même emporterait une peine plus forte que deux mois de prison simple ou que le bannissement hors de la *comarca* (circonscription territoriale).

3° L'abus de pouvoir, qui consiste dans l'usage du pouvoir conféré par les lois contre les intérêts publics ou au préjudice des particuliers, sans que l'utilité publique l'exige ;

4° La menace de faire un mal quelconque à quelqu'un.

Art. 3.

On ne sera pas criminel ou délinquant sans mauvaise foi, c'est-à-dire, lorsqu'on n'aura pas la connaissance du mal et qu'on n'aura pas l'intention de le faire.

Art. 4.

Seront criminels, comme auteurs, ceux qui commettront des crimes, ou qui contraindront une autre personne à en commettre, ou qui le lui ordonneront.

ART. 5.

Seront criminels, comme complices, tous les autres individus qui concourront directement à commettre des crimes.

ART. 6.

Seront aussi considérés comme complices :

1° Ceux qui recéleront, cacheront ou achèteront des choses obtenues à l'aide de moyens criminels, le sachant ou devant le savoir à raison de la qualité ou de la condition des personnes dont ils les ont reçues en recel ou achetées ;

2° Ceux qui donneront asile ou prêteront leur maison pour une réunion d'assassins ou de voleurs, ayant connaissance qu'ils commettent ou qu'ils veulent commettre des crimes.

ART. 7.

Dans les délits d'abus de la liberté de communiquer ses pensées, seront criminels, et pour ce responsables :

1° L'imprimeur, graveur ou lithographe, qui néanmoins demeureront exempts de responsabilité en montrant l'obligation par écrit de l'éditeur de répondre, s'il est une personne connue, résidant au Brésil et jouissant de ses droits politiques, sauf quand il écrit dans sa propre cause, cas auquel on n'exige pas cette dernière condition ;

2° L'éditeur qui s'oblige, qui aussi demeurera exempt de responsabilité en montrant l'obligation par

1.

laquelle l'auteur engage sa responsabilité, pourvu qu'il réunisse les conditions exigées de l'éditeur pour exclure l'imprimeur;

3° L'auteur qui s'oblige;

4° Le vendeur et celui qui fera distribuer les impressions ou gravures, quand rien ne constatera quel est l'imprimeur ou lorsque celui-ci résidera en pays étranger, ou quand les impressions ou gravures auront déjà été condamnées et qu'on aura ordonné de les supprimer;

5° Ceux qui communiqueront à plus de quinze personnes des écrits non imprimés, s'ils ne prouvent pas quel est l'auteur et que les écrits circulent avec son consentement : réunissant ces conditions, l'auteur seul est responsable.

Art. 8.

Pour ces délits il n'y a pas de complicité, et, pour le jugement on doit interpréter les écrits ou les discours par lesquels ils auraient été commis selon les règles d'une bonne logique, et non d'après des phrases isolées ou détachées.

Art. 9.

· Ne seront pas considérés comme criminels :

1° Ceux qui imprimeront ou feront d'une manière quelconque circuler les opinions et les discours prononcés par les sénateurs ou députés dans l'exercice de leurs fonctions, autant que la substance n'en sera pas essentiellement altérée;

2° Ceux qui feront des analyses raisonnées des coutumes et principes religieux;

3° Ceux qui feront des analyses raisonnées de la constitution sans en attaquer les bases fondamentales, et celles des lois existantes, sans provoquer à y désobéir;

4° Ceux qui censureront les actes du gouvernement et de l'administration publique en termes même sévères, mais décents et mesurés.

Art. 10.

Ne seront pas aussi considérés comme criminels:

1° Les mineurs de quatorze ans;

2° Les fous de toute espèce, sauf lorsqu'ils auront des intervalles lucides, et que, pendant ce temps, ils commettront un crime;

3° Ceux qui commettront des crimes, contraints par la force ou par une peur irrésistible;

4° Ceux qui commettront *accidentellement* des crimes dans l'exercice ou la pratique de quelque acte licite fait avec une attention ordinaire.

Art. 11.

Encore que les personnes mentionnées en l'article précédent ne puissent être punies, elles devront réparer sur leurs biens le préjudice causé.

Art. 12.

Les fous qui commettront des crimes seront renfermés dans des maisons destinées pour eux, ou remis à leur famille, selon que le juge le croira convenable.

ART. 13.

Lorsqu'il sera prouvé que les mineurs de quatorze ans, qui ont commis des crimes, ont agi avec discernement, ils devront être renfermés dans des maisons de correction pour le temps que le juge arbitrera; néanmoins le confinement n'excédera pas la dix-septième année de leur âge.

CHAPITRE II.

DES CRIMES JUSTIFIABLES.

ART. 14.

Le crime sera justifiable et ne donnera pas lieu à sa punition :

1° Quand il aura été commis par le délinquant pour éviter un mal plus grand.

Pour que le crime soit justifiable dans ce cas, les circonstances suivantes devront intervenir cumulativement en faveur du délinquant : 1° certitude du mal qu'il se sera proposé d'éviter; 2° défaut absolu d'autre moyen moins préjudiciable; 3° probabilité de l'efficacité de celui qu'il a employé.

2° Quand le crime aura été commis pour la défense de sa propre personne ou de ses droits;

3° Quand il aura été commis pour la défense de la famille du délinquant,

Pour que le crime soit justifiable dans ces deux cas, les circonstances suivantes devront intervenir cumulativement : 1° certitude du mal que les délinquants se proposeront d'éviter ; 2° défaut absolu d'un autre moyen moins préjudiciable ; 3° n'avoir pas, par leur fait ou par celui de leurs familles, exercé une provocation ou commis un delit qui ait occasionné le *conflit*.

4° Quand le crime aura été commis pour la défense d'un tiers.

Pour que le crime soit justifiable dans ce cas, les circonstances suivantes devront intervenir cumulativement en faveur du délinquant : 1° certitude du mal qu'il se propose d'éviter ; 2° qu'il soit plus grave ou au moins égal à celui qu'il a causé ; 3° défaut absolu d'un autre moyen moins préjudiciable ; 4° probabilité de l'efficacité de celui qu'il a employé.

Sera réputé fait pour sa propre défense ou pour celle d'un tiers, le mal causé en repoussant ceux qui, de nuit, entreront ou tenteront d'entrer dans les maisons où quelqu'un demeure ou se trouve, ou dans les édifices ou cours closes en dépendant, si ce n'est dans les cas permis par la loi.

5° Quand le crime aura été commis en résistant à l'exécution d'ordres illégaux, pourvu qu'il n'excède pas les moyens nécessaires pour empêcher cette exécution ;

6° Quand le mal consistera dans un châtiment modéré que les pères donneront à leurs fils, les maîtres à leurs esclaves, les professeurs à leurs dis-

·ciples, ou quand le mal résultera du châtiment, pourvu que celui-ci ne soit pas d'un genre contraire aux lois en vigueur.

CHAPITRE ·III.

DES CIRCONSTANCES AGGRAVANTES OU ATTÉNUANTES DES CRIMES

ART. 15.

Les circonstances aggravantes et atténuantes des crimes influeront sur l'aggravation ou l'atténuation des peines qui les répriment dans les limites prescrites par la loi.

SECTION Iʳᵉ.

ART. 16.

Il y a circonstances aggravantes :

1° Lorsque le délinquant a commis le crime de nuit ou dans un lieu désert ;

2° Lorsque le délinquant a commis le crime à l'aide du poison, de l'incendie ou de l'inondation ,

3° Lorsque le délinquant est en récidive d'un délit de même nature ;

4° Lorsque le délinquant a été excité par un motif réprouvé ou frivole ;

5° Lorsque le délinquant a manqué au respect dû à l'âge de l'offensé, quand la différence est telle que celui-ci pourrait être son père ;

6° Lorsque le délinquant a abusé de la supériorité de son sexe, de ses forces ou d'armes de sorte que l'offensé ne pouvait se défendre avec la probabilité de repousser l'offense ;

7° Lorsque l'offensé a la qualité d'ascendant, de maître ou de supérieur du délinquant, ou toute autre qualité qui le place à l'égard de celui-ci dans la position d'un père ;

8° Lorsque le délinquant a agi avec préméditation, c'est-à-dire, avec le dessein formé avant l'action d'offenser une personne déterminée ou indéterminée ;

II y a préméditation quand il s'est écoulé plus de vingt-quatre heures entre le dessein et l'action ;

9° Lorsque le délinquant a employé la fraude ;

10° Lorsque le délinquant a commis le crime en abusant de la confiance qu'on avait placée en lui ;

11° Lorsque le délinquant a commis le crime pour un salaire, ou dans l'espérance d'une récompense ;

12° Lorsque le crime a été précédé d'une embuscade dans un ou plusieurs lieux où le délinquant espérait faire tomber l'offensé ;

13° Lorsque la perpétration du crime a eu lieu à l'aide d'effraction ;

14° Lorsque le délinquant est entré ou a tenté d'entrer dans la maison de l'offensé avec l'intention de commettre le crime ;

15° Lorsque le crime a été commis par surprise;

16° Lorsque le délinquant a commis le crime à l'aide d'un déguisement pour n'être pas reconnu;

17° Lorsqu'il y a eu concert entre deux ou plusieurs individus pour commettre le crime.

ART. 17.

Seront considérées aussi comme aggravant les crimes les circonstances suivantes :

1.° Lorsque, outre le préjudice du crime en lui-même, il en résultera un autre mal pour l'offensé ou pour les personnes de sa famille;

2° Lorsque la douleur physique sera augmentée d'une manière plus qu'ordinaire par quelque circonstance extraordinaire ;

3° Lorsque le mal du crime sera augmenté par quelque circonstance extraordinaire d'ignominie ;

4° Lorsque le préjudice du crime sera augmenté par la nature irréparable du dommage ;

5° Lorsque *l'affliction* d'une personne déjà affligée sera augmentée par le crime.

SECTION II.

ART. 18.

Il y a circonstances atténuantes des crimes :

1° Lorsque le délinquant n'a pas une pleine connaissance du mal et l'intention directe de le commettre ;

2° Lorsque le délinquant a commis le crime pour éviter un plus grand mal ;

3° Lorsque le délinquant a commis le crime pour la défense de sa personne ou de ses droits ou pour la défense de sa famille ou d'un tiers ;

4° Lorsque le délinquant a commis le crime pour se venger d'une grave injure ou d'un déshonneur, à lui faits, ou à ses ascendants, descendants, conjoints ou frères ;

5° Lorsque le délinquant a commis le crime en s'opposant à l'exécution d'ordres illégaux ;

6° Lorsque l'offensé a été l'agresseur ;

7° Lorsque le délinquant a commis le crime, excité par des menaces ;

8° Lorsque le délinquant a été provoqué.

La provocation sera plus ou moins atténuante, suivant qu'elle sera plus ou moins grave, plus ou moins récente.

9° Lorsque le délinquant a commis le crime en état d'ivresse.

Pour que l'ivresse soit considérée comme circonstance atténuante, les conditions suivantes devront se trouver réunies : 1° que le délinquant n'ait pas, avant

ₗde s'être mis en cet état, formé le projet du crime;
2° qu'il ne s'y soit pas mis pour s'animer dans la perpétration du crime ; 3°₊que dans cet état il ne soit pas
dans l'habitude de commettre des crimes.

10° Lorsque le délinquant est mineur de vingt-et-
un ans.

Si le coupable a moins de dix-sept ans et plus de
quatorze, le juge pourra, selon qu'il le jugera convenable, lui infliger les peines de la complicité.

SECTION III.

ART. 19.

L'atteinte portée à la sensibilité de l'offensé in-
fluera aussi pour l'aggravation ou l'atténuation du
crime.

ART. 20.

Les circonstances mentionnées en ce chapitre devront être prouvées; en cas de doute on infligera la
peine du degré moyen.

CHAPITRE IV.

DE LA SATISFACTION.

ART. 21.

Le délinquant réparera le dommage qu'il a causé
par le délit.

Art. 22.

La satisfaction sera toujours aussi complète que possible; les cas de doute seront décidés en faveur de l'offensé.

A cette fin, le préjudice qui sera causé à la personne ou aux biens de l'offensé sera évalué dans toutes ses parties et dans toutes ses conséquences.

Art. 23.

En cas de restitution, elle se fera de la chose elle-même, avec indemnité pour ses détériorations; et, à défaut, elle sera de son équivalent.

Art. 24.

Si la chose elle-même est entre les mains d'un tiers, il sera obligé de la remettre, en ayant son recours sur les biens du délinquant.

Art. 25.

Pour restituer l'équivalent, lorsque la chose elle-même n'existera pas, on l'évaluera d'après son prix ordinaire et son prix d'affection, en tant qu'il n'excédera pas la valeur de celui-là.

Art. 26.

On comprendra dans la satisfaction, non-seulement les intérêts ordinaires, qui se compteront du moment

du crime selon le dommage causé, mais aussi les intérêts composés.

ART. 27.

Lorsque·le crime sera commis par plusieurs délinquants, la satisfaction sera à la charge de tous, et
chacun d'eux demeurera solidairement obligé; à cette
fin, les biens des délinquants demeurent spécialement
hypothéqués à compter du moment du crime.

ART. 28.

Seront soumis à satisfaction, bien qu'ils ne soient
pas délinquants :

1° Le maître pour l'esclave jusqu'à la valeur de
celui-ci ;

2° Celui qui aura gratuitement participé aux
produits du crime jusqu'à quotité·équivalente.

ART. 29.

L'obligation de réparer le dommage conformément
aux articles précédents passe aux héritiers des délinquants jusqu'à concurrence des biens dont ils ont
hérité, et le droit d'avoir satisfaction passe aux héritiers des offensés.

ART. 30.

La satisfaction complète de l'offensé sera toujours

préférée au payement des amendes pour lesquelles les biens des délinquants demeurent aussi hypothéqués comme il est dit en l'article 27.

ART. 31.

La satisfaction n'aura pas lieu avant la condamnation du délinquant par sentence du juge criminel passée en état de force jugée, excepté :

1° Dans le cas d'absence du délinquant, auquel cas on pourra demander et obtenir satisfaction par le moyen de l'action civile ;

2° Dans le cas de mort du délinquant depuis sa condamnation, auquel cas on pourra avoir satisfaction, de ses héritiers par le moyen de l'action civile ;

3° Dans le cas où l'offensé préférera prendre la voie civile contre le délinquant.

ART. 32.

Dans tous les cas, lorsque les délinquants n'auront pas les moyens de donner la satisfaction, dans les huit jours où ils seront assignés, ils seront condamnés à la prison avec travail pendant le temps nécessaire pour en gagner la valeur.

Cette condamnation demeurera sans effet lorsque le délinquant ou quelqu'un pour lui satisfera ou donnera une caution solvable de payement dans un temps raisonnable, ou lorsque l'offensé se déclarera satisfait.

TITRE II.

DES PEINES.

CHAPITRE Ier.

DE L'ESPÈCE DES PEINES, ET DU MODE DE LEUR APPLICATION ET DE LEUR EXÉCUTION.

ART. 33.

Aucun crime ne sera puni de peines non établies par la loi, ni supérieures ou inférieures à celles qui seront décrétées, pour réprimer le crime dans son degré *le plus grave, moyen* où *le moins grave*, sauf le cas où il est permis aux juges de l'arbitrer.

ART. 34.

La tentative, lorsqu'elle ne sera pas l'objet d'une peine spéciale, sera punie des mêmes peines que le crime, moins un tiers de durée dans chaque degré.

Lorsque la peine sera celle de mort, on infligera au coupable de tentative au même degré la peine des galères perpétuelles; lorsqu'elle sera celle des galères perpétuelles ou de la prison perpétuelle avec ou sans travail, on infligera la peine des galères pour vingt ans, ou de la prison avec ou sans travail pour vingt ans.

Lorsque la peine sera celle du bannissement, on

lui infligera la déportation ·hors du royaume pour vingt ans; lorsqu'elle sera celle de la·déportation ou de l'exil perpétuel, on lui infligera la déportation ou l'exil pour vingt ans.

ART. 35.

La complicité sera punie des mêmes peines que la tentative, et la complicité de la tentative des mêmes peines que cette dernière, moins un tiers de durée, conformément aux règles établies par l'article précédent.

ART. 36.

Aucune présomption, quelque forte qu'elle soit, ne pourra motiver une application·de peine.

ART. 37.

On ne·considérera pas·comme·peine l'emprisonnement de l'inculpé d'une infraction pour prévenir sa fuite, ni la suspension du magistrat décrétée par le pouvoir modérateur dans la forme de la constitution.

ART. 38.

La peine de mort sera subie sur le gibet.

ART. 39.

Cette peine, dès que la sentence sera devenue irrévocable, sera exécutée le jour suivant de sa signification, qui ne pourra avoir lieu la·veille d'un dimanche, d'un jour sanctifié, où d'une fête nationale.

2

ART. 40.

Le coupable avec son vêtement ordinaire sera conduit, attaché, par les rues les plus fréquentées, jusqu'au gibet ; il sera accompagné par le juge criminel du lieu assisté de son greffier et de la force militaire requise à cet effet.

Le cortége sera précédé du crieur public lisant à haute voix la sentence à exécuter.

ART. 41.

Le juge criminel qui assistera, présidera à l'exécution jusqu'à sa fin, et son greffier en dressera un acte qui sera joint au dossier.

ART. 42.

Les corps des pendus seront remis à leurs parents ou amis, lorsqu'ils le demanderont aux juges qui présideront à l'exécution ; mais ils ne pourront les enterrer avec pompe sous peine de la prison d'un mois à un an.

ART. 43.

Aucune femme enceinte ne sera exécutée ni même jugée pour un fait entraînant la mort, si ce n'est quarante jours après son accouchement.

ART. 44.

La peine des galères soumettra les coupables à

marcher, réunis ou séparés, avec un anneau aux pieds
et une chaîne de fer, et à être employés aux travaux publics de la province où le délit aura été commis, à la disposition du gouvernement.

ART. 45.

La peine des galères ne sera jamais infligée :

1° Aux femmes, qui, lorsqu'elles, auront commis
des crimes entraînant cette peine, seront condamnées
pour le même temps à la prison dans un lieu où elles
seront employées à un travail en rapport avec leur
sexe ;

2° Aux mineurs de vingt-et-un ans et aux majeurs
de soixante, auxquels on infligera la prison avec
travaux pour la même durée en substitution de cette
peine.

Lorsqu'un condamné aux galères atteindra l'âge de
soixante ans pendant l'accomplissement de sa peine,
on y substituera la prison avec travaux pour un temps
égal à celui qui lui manque pour l'accomplir.

ART. 46.

La peine de la prison avec travaux obligera les
coupables à s'occuper, journellement de travaux qui
leur seront destinés dans l'enceinte des prisons conformément à la sentence et aux règlements de police
de ces prisons.

ART. 47.

La peine de la prison simple obligera les coupables à être enfermés dans des prisons publiques pour le temps déterminé par la sentence.

ART. 48.

Les peines de prison se subiront dans les prisons publiques qui offriront le plus de commodité et de sécurité, et les juges devront désigner dans leurs sentences, autant que possible, celles les plus voisines des lieux des délits.

Lorsque la peine sera celle de la prison simple n'excédant pas six mois, elle se subira dans la prison, quelle qu'elle soit, du lieu de la résidence du coupable ou du lieu le plus voisin, lequel devra être désigné dans la sentence.

ART. 49.

Jusqu'à ce qu'on ait établi des prisons réunissant toutes les commodités et distributions nécessaires pour le travail des condamnés, les peines de prison avec travaux seront remplacées par la prison simple en accroissant celle-ci, en ce cas, d'un sixième de la durée de temps pour laquelle la première aurait été infligée.

ART. 50.

La peine du bannissement privera pour toujours les

coupables des droits de citoyen brésilien, et les rendra perpétuellement incapables d'habiter le territoire de l'empire.

Les bannis qui rentreront sur le territoire de l'empire seront condamnés à la prison à perpétuité.

ART. 51.

La peine de la déportation obligera les coupables à résider dans un lieu déterminé par la sentence sans pouvoir en sortir pendant le temps qu'elle fixera.

La sentence ne pourra jamais fixer pour lieu de la déportation un de ceux compris dans la *commarca* où demeure l'offensé.

ART. 52.

'La peine de l'exil, quand il n'y aura pas de spécification déterminée, obligera les coupables à sortir des limites des lieux du délit, de leur principale résidence et de celle de la personne offensée, et à ne pas entrer dans aucun d'eux, pendant le temps fixé par la sentence.

ART. 53.

Les condamnés aux galères, à la prison avec travaux, à la prison simple, à la déportation ou à l'exil, demeureront privés de l'exercice des droits politiques de citoyen brésilien, aussi longtemps que dureront les effets de la condamnation.

ART. 54.

Les condamnés aux galères, à la prison avec travaux, à la prison simple, qui fuiront des prisons; les déportés qui sortiront du lieu de la déportation, et les exilés qui rentreront dans le lieu d'où ils sont exilés, seront, avant de continuer leur peine, condamnés à un tiers de durée de plus de la première condamnation.

ART. 55.

La peine de l'amende obligera les coupables au payement d'une somme pécuniaire, qui sera toujours réglée selon ce que les condamnés peuvent retirer chaque jour du revenu de leurs biens, emplois ou industrie, quand la loi n'aura pas spécifié un autre mode de calcul.

ART. 56.

Les amendes seront versées dans les caisses des municipalités, et les condamnés, qui, le pouvant, ne payeront pas dans les huit jours, seront mis en prison, où ils demeureront jusqu'à payement.

ART. 57.

Les condamnés qui n'auront pas les moyens de payer les amendes seront condamnés à l'emprisonnement avec travail pour autant de temps que cela sera nécessaire pour en gagner le *quantum*.

Dans ce cas, la disposition de l'article 32 recevra son application.

ART. 58.

La peine de la suspension de l'emploi privera les coupables de l'exercice de leur office pendant le temps de la suspension ; ils ne pourront, en outre, exercer aucun autre emploi, si ce n'est par élection populaire.

ART. 59:

La peine de la perte de l'emploi emportera la perte de tous les services que les coupables y auront rendus.

Les coupables qui auront perdu leur emploi par sentence, pourront être pourvus par nouvelle nomination d'autre office de même ou de différente nature, sauf le cas où la déclaration d'incapacité serait expressément prononcée.

ART. 60.

Lorsque le coupable sera un esclave, si le crime n'entraîne pas la peine de mort ou des galères, il sera condamné au fouet, et après l'avoir souffert il sera remis à son maître, qui sera obligé de l'employer avec des fers pour le temps et de la manière que prescrira le juge.

Le nombre des coups sera fixé dans la sentence ; l'esclave ne pourra en recevoir par jour, plus de cinquante.

Art. 61.

Lorsque le coupable sera convaincu de plus d'un délit, on lui infligera les peines établies par les lois pour chacun d'eux; il supportera les peines corporelles l'une après l'autre en commençant et en continuant de la plus forte à la moindre, et ayant égard au degré d'intensité et non à la durée.

Cependant s'il a encouru la peine de mort, aucune autre peine corporelle ne pourra lui être infligée; celle de l'amende pourra seule y être jointe.

Art. 62.

Lorsque les délinquants auront encouru deux ou plusieurs peines qui ne peuvent se subir l'une après l'autre, on leur infligera un *degré* supérieur à la peine du crime le plus grave qu'ils auront commis; néanmoins si ce degré supérieur était la peine de mort on les condamnera aux galères à perpétuité.

Art. 63.

Lorsque le Code ne prononce pas une peine déterminée, et fixe seulement le *maximum* et le *minimum*, on distinguera trois degrés dans les crimes, eu égard à leurs circonstances aggravantes ou atténuantes, savoir, le degré *le plus grave*, auquel on infligera le maximum de la peine, le degré *le moins grave*, auquel on infligera le minimum de la peine, et le degré *moyen*, auquel on infligera une peine intermédiaire entre ces deux extrêmes.

ART. 64.

Les délinquants qui, étant condamnés, tomberaient en état de folie, ne seront pas punis tant que durera cet état.

DISPOSITIONS GÉNÉRALES.

ART. 65.

Les peines infligées aux coupables ne se prescrivent par aucun temps.

ART. 66.

La remise ou la commutation des peines infligées aux coupables, faite par le pouvoir modérateur en vertu de son droit de grâce, les exemptera de réparer le dommage causé dans toute sa plénitude.

ART. 67.

Le pardon de l'offensé avant ou depuis la sentence n'exemptera pas des peines qu'auront ou que pourront encourir les coupables de crimes publics ou particuliers, qui donneraient lieu à accusation de la part de la justice.

DEUXIÈME PARTIE.

DES CRIMES PUBLICS.

TITRE Ier.

DES CRIMES CONTRE L'EXISTENCE POLITIQUE DE L'EMPIRE.

CHAPITRE Ier.

DES CRIMES CONTRE L'INDÉPENDANCE, L'INTÉGRITÉ ET LA DIGNITÉ DE LA NATION.

ART. 68.

Tenter directement et par des faits de détruire l'indépendance ou l'intégrité de l'empire.

Peine : La prison avec travaux de cinq à quinze ans.

Si le crime se consomme.

Peines : La prison perpétuelle avec travail pour le degré *le plus grave*, la prison avec travail pendant vingt ans pour le degré *moyen*, et pendant dix ans pour le degré *le moins grave*.

Art. 69.

Provoquer directement et par des faits une nation étrangère à déclarer la guerre à l'empire, si la déclaration a lieu et si la guerre s'en suit.

Peine : La prison avec travail de six à dix-huit ans.

Si la provocation n'est pas suivie d'une déclaration de guerre, ou si, celle-ci étant déclarée, la guerre n'a pas lieu et que la nation n'éprouve aucun dommage ou préjudice.

Peine : La prison avec travail de deux à six ans.

Si la guerre n'ayant pas lieu, bien que déclarée en conséquence de la provocation, la nation éprouve néanmoins quelque préjudice dans son intégrité, sa dignité ou ses intérêts.

Peine : La prison avec travail de trois à douze ans.

Art. 70.

Prendre les armes contre l'empire, sous des bannières ennemies, lorsqu'on est citoyen brésilien.

Peine : La prison avec travail de six à quatorze ans.

Art. 71.

Aider une nation ennemie à faire la guerre ou à

commettre des hostilités contre l'empire, en lui fournissant des hommes, des armes, de l'argent, des munitions ou des embarcations.

Peines : La prison perpétuelle avec travail pour le
degré *le plus grave*, pendant quinze ans pour le
degré *moyen*, et pendant huit ans pour le degré *le
moins grave*.

ART. 72.

Avoir des intelligences avec une nation ennemie
où avec ses agents pour leur communiquer l'état des
forces de l'empire, ses ressources ou ses plans, ou
donner entrée ou secours aux espions ou aux soldats
ennemis, envoyés pour s'enquérir des opérations de
l'empire, les connaissant tels.

Peines : La prison avec travail pendant vingt ans
pour le degré *le plus grave*, pendant onze ans pour
le degré *moyen*, et pendant six ans pour le degré *le
moins grave*.

ART. 73.

Commettre sans ordre, ou sans autorisation du
gouvernement, des hostilités contre les sujets d'une
autre nation de manière à compromettre la paix ou
à provoquer des représailles.

Peine : La prison avec travail d'un à douze ans.

Si par suite de cette conduite quelque Brésilien
souffre quelque préjudice, le coupable en sera con-

sidéré comme l'auteur et puni des peines que le fait entrainerait, outré celle susdite.

Art. 74.

Violer des traités légitimement faits avec des na-tions étrangères.

Peine : La prison d'un à six ans.

Art. 75.

Violer *l'immunité* des ambassadeurs ou des ministres étrangers.

Peine : La prison de deux à seize mois.

Art. 76.

Remettre de fait, pouvant les défendre, quelque portion du territoire de l'empire, ou de celui qu'il occupe, ou quelques objets qui lui appartiennent ou dont il est en possession, à un ennemi intérieur ou extérieur ou à quelque nation étrangère.

Peine : La prison avec travail de deux à dix-huit ans.

Art. 77.

Compromettre par quelque traité ou convention l'honneur, la dignité, la foi ou les intérêts nationaux.

Peine : La prison de deux à douze ans.

ART. 78.

Faire acte de juridiction en pays étranger sans autorité légitime.

Peine : La prison de six mois à quatre ans.

ART. 79.

Reconnaître, lorsqu'on est citoyen brésilien, un pouvoir supérieur hors de l'empire, en se soumettant envers lui à une obéissance effective.

Peine : La prison de quatre à seize mois.

ART. 80.

Si ce crime est commis par une corporation, elle sera dissoute; si les membres se réunissent de nouveau sous la même dénomination ou sous une autre différente, selon les mêmes règles ou selon des règles différentes :

La peine sera : pour les chefs, la prison de deux à huit ans, et pour les autres membres, la prison de huit mois à trois ans.

ART. 81.

Recourir à une autorité étrangère résidant en dedans ou au dehors de l'empire, sans permission légitime, pour réclamer des grâces spirituelles, des distinctions ou privilèges dans la hiérarchie ecclésiastique ou pour l'autorisation de quelque acte religieux.

Peine : La prison de trois à neuf mois.

ART. 82.

Exercer la piraterie, lorsque le crime aura été commis :

1° En commettant en mer quelque acte de déprédation ou de violence ou contre les Brésiliens ou contre les étrangers avec lesquels le Brésil n'est pas en guerre ;

2° En abusant des lettres de marque légitimement concédées, pour commettre des hostilités soit contre les navires brésiliens, soit contre ceux d'autres nations, vis-à-vis desquelles il n'y a pas d'autorisation pour commettre de pareils actes ;

3° Lorsque quelqu'un, faisant partie de l'équipage se sera emparé du navire en employant des moyens de fraude ou de violence contre le commandant ;

4° Lorsque quelqu'un remettra le navire dont il fait partie à des pirates ou à un ennemi ;

5° Lorsque quelqu'un par menaces ou violence s'opposera à ce que le commandant ou l'équipage défende le navire prêt à être attaqué par des pirates ou par l'ennemi.

Peines : Les galères perpétuelles pour le degré *le plus grave*, la prison avec travail pendant vingt ans

·pour le degré *moyen* , et pendant dix ans pour le degré *le moins grave.*

6° En acceptant des lettres de marque d'un gouvernement étranger sans l'autorisation compétente.

Peine : La prison avec travail de deux à huit ans.

·ART. 83.

La peine prononcée dans les cas prévus.par l'article précédent, depuis le n° 1 jusqu'au n° 5, s'appliquera :

1° Aux étrangers qui commettront, contre des navires brésiliens, des déprédations ou des violences, hors le temps de guerre, où pendant ce temps s'ils ne sont pas munis de lettres de marque ;

2° A tout commandant de navire qui commettra des hostilités sous des bannières autres que celles de la nation dont il a des lettres de marque.

ART. 84.

Commettra aussi le crime de piraterie : ·

1° Celui qui fera partie de l'équipage d'une embarcation armée naviguant sans passeport, matricule d'équipage, ou autres documents prouvant la légitimité de sa course.

Peines : Contre le commandant, la prison avec travail de quatre à seize ans, et contre l'équipage de deux à huit ans.

2° Celui qui, résidant dans l'empire, trafiquera avec

des pirates connus pour tels ou leur fournira des embarcations, des provisions, des munitions ou quelque autre secours, ou entretiendra avec eux des intelligences dont le but est de porter préjudice au pays;

3° Tout commandant de navire armé qui aura des papiers délivrés par deux ou plusieurs gouvernements différents.

Peine : La prison avec travail de deux à douze ans.

CHAPITRE II.

DES CRIMES CONTRE LA CONSTITUTION DE L'EMPIRE ET LA FORME DE SON GOUVERNEMENT.

ART. 85.

Tenter directement et par des faits de détruire la constitution politique de l'empire ou la forme du gouvernement établi.

Peine : La prison avec travail de cinq à quinze ans.

Si le crime se consomme.

Peines : La prison perpétuelle avec travail pour le degré *le plus grave,* la prison avec travail pendant vingt ans pour le degré *moyen,* et pendant dix ans pour le degré *le moins grave.*

ART. 86.

Tenter directement et par des faits de détruire

un ou quelques-uns des articles de la constitution.

Peine : La prison avec travail de trois à douze ans.

Si le crime se consomme.

Peines : La prison avec travail pendant vingt ans pour le degré *le plus grave*, pendant douze ans pour le degré *moyen*, et pendant six ans pour le degré *le moins grave*.

CHAPITRE III.

DES CRIMES CONTRE LE CHEF DU GOUVERNEMENT.

ART. 87.

Tenter directement et par des faits de détrôner l'Empereur, de le priver en tout ou en partie de son autorité constitutionnelle ou d'altérer l'ordre légitime de succession.

Peine : La prison avec travaux de cinq à quinze ans.

Si le crime se consomme.

Peines : La prison perpétuelle avec travail pour le degré *le plus grave,* la prison avec travail pendant vingt ans pour le degré *moyen*, et pendant dix ans pour le degré *le moins grave.*

ART. 88.

Tenter directement et par des faits de prouver

une fausse maladie physique ou morale de l'Empereur.

Peine : La prison avec travail de quatre à douze ans.

Si le crime se consomme.

Peines : La prison avec travail pendant vingt ans pour le degré *le plus grave,* pendant douze ans pour le degré *moyen ,* et pendant six ans pour le degré *le moins grave.*

ART. 89.

Tenter directement et par des faits de priver la régence ou le régent de son autorité constitutionnelle.

Peine : La prison avec travail de quatre à douze ans.

Si le crime se consomme.

Peines : La prison avec travail pendant vingt ans pour le degré *le plus grave ,* pendant douze ans pour le degré *moyen ,* et pendant six ans pour le degré *le moins grave.*

DISPOSITIONS GÉNÉRALES.

ART. 90.

Provoquer directement par des écrits imprimés, lithographiés ou gravés, distribués à plus de quinze personnes, aux crimes prévus par les articles 68, 85, 86, 87, 88 et 89.

3.

Peines : La prison d'un à quatre ans, et une amende correspondante à la moitié du temps infligé.

Si la provocation est faite par des écrits non imprimés distribués à plus de quinze personnes ou par des discours proférés dans des réunions publiques.

Peines : La prison de six mois à deux ans, et une amende correspondante à la moitié du temps.

TITRE II.

DES CRIMES CONTRE LE LIBRE EXERCICE DES POUVOIRS POLITIQUES.

ART. 91.

S'opposer directement et par des faits à la prompte exécution des décrets ou lettres de convocation de l'assemblée générale expédiées par l'Empereur ou par le sénat dans les cas prévus par l'article 47, §§ 3 et 4, de la constitution.

Peine : La prison avec travail de trois à douze ans.

ART. 92.

S'opposer directement et par des faits à la réunion de l'assemblée générale législative en session ordinaire ou extraordinaire, ou à la réunion extraordinaire du sénat dans les cas prévus par l'article 47, §§ 3 et 4, de la constitution.

Peines : La prison avec travail pendant vingt ans pour le degré *le plus grave*, pendant douze ans pour le degré *moyen*, et pendant six ans pour le degré *le moins grave*.

Art. 93.

User de violences ou de menaces contre quelques membres des chambres législatives ; soit pour les influencer dans la manière d'agir dans l'exercice de leurs fonctions, soit pour ce qu'ils auraient dit ou fait dans cet exercice.

Peines : La prison avec travail de six mois à quatre ans, outre les peines encourues pour la violence ou les menaces.

Art. 94.

Entrer tumultueusement dans l'enceinte de l'une des Chambres législatives ; obliger l'une d'elles par force ou menaces de violence à proposer ou à omettre de proposer, à faire ou à omettre de faire une loi ou quelque autre acte ; l'obliger à se dissoudre inconstitutionnellement, ou à lever, proroger ou ajourner une séance.

Peine : La prison avec travail de trois à douze ans.

Art. 95.

S'opposer directement et par des faits au libre exercice des pouvoirs modérateur, exécutif et judiciaire dans leurs attributions constitutionnelles.

– *Peine :* La prison avec travail de quatre à seize
. ans.

ART. 96.

Mettre obstacle à l'effet ou'empêcher de quelque
manière l'exécution des décisions des pouvoirs modérateur et exécutif conformes à la constitution et aux
lois.

Peine : La prison avec travail de deux à six ans.

ART. 97.

User de violence ou de menaces contre les agents
du pouvoir exécutif pour les forcer à faire d'une manière illégale un acte officiel, ou à omettre de faire légalement un acte officiel, ou à faire comme officiel
un acte pour lequel ils n'ont pas d'autorité.

User de violence ou de menaces pour contraindre
un juge ou un juré à rendre un jugement ou une sentence, à donner un ordre ou un vote, ou à faire ou
à omettre de faire quelque autre acte officiel.

Peines : La prison avec travail de six mois à quatre
ans, outré les peines encourues pour la violence ou
la menace.

ART. 98.

Occasionner du tumulte ou exciter au désordre
pendant la séance d'un tribunal de justice ou pendant l'audience de quelque juge de manière à empêcher ou à troubler un de ses actes.

Peines : La prison de deux à six mois, outre les autres peines encourues.

ART. 99.

Provoquer directement par des écrits imprimés, lithographiés ou gravés, distribués à plus de quinze personnes, aux crimes prévus par les articles 91, 92, 94, 95 et 96.

Peines : La prison de six mois à deux ans, et une amende correspondante à la moitié de la durée de la peine.

Si la provocation a eu lieu par des écrits non imprimés, distribués à plus de quinze personnes, ou par des discours proférés en des réunions publiques.

Peines : La prison de trois mois à un an, et une amende correspondante à la moitié de la durée de la peine.

TITRE III.

DES CRIMES CONTRE LA LIBRE JOUISSANCE ET CONTRE L'EXERCICE DES DROITS POLITIQUES DES CITOYENS.

ART. 100.

Empêcher ou mettre obstacle d'une manière quelconque à ce que les citoyens actifs ou les électeurs qui se trouveraient dans l'occasion de pouvoir et de devoir voter,, votent dans les élections primaires ou secondaires.

Peines : La prison de deux à six mois, et une amende correspondante à la moitié de la durée de la peine.

ART. 101.

Solliciter, en usant de promesses, de récompense, de menace, de quelque mal, pour qu'aux élections pour les sénateurs, députés, électeurs, membres des conseils généraux ou des municipalités, juges de paix ou quelques autres employés électifs, on reçoive ou on laisse recevoir des personnes déterminées, ou, à cette fin, acheter ou vendre des votes.

Peines : La prison de trois à neuf mois, une amende correspondante à la moitié de la durée de la peine, et la perte de l'emploi, si l'on s'en est servi pour commettre le crime.

ART. 102.

Falsifier dans quelque élection les listes des votes de citoyens ou d'électeurs en lisant des noms autres que ceux qui s'y trouveraient, ou en augmentant ou diminuant les noms ou les listes; falsifier les actes de quelque élection.

Peines : La prison avec travail de six mois à trois ans, et une amende correspondante à la moitié de la durée de la peine.

ART. 103.

Mettre obstacle directement et par des faits à la réunion des conseils généraux de province, à leur prorogation autorisée par la constitution ou au libre exercice de leurs attributions.

Peine : La prison avec travail de deux à huit ans.

ART. 104.

Entrer tumultueusement dans l'enceinte des conseils généraux, les obliger par force ou par des menaces de violence à proposer, délibérer ou *résoudre*, ou à omettre de le faire, ou à lever ou proroger la séance.

Peine : La prison avec travail d'une à quatre années.

ART. 105.

User de violence ou de menaces contre quelques membres des conseils généraux, soit pour les influencer dans la manière d'agir dans l'exercice de leurs fonctions, soit pour ce qu'ils auraient dit ou fait dans cet exercice.

Peines : La prison avec travail de trois mois à deux ans, outre les peines encourues pour la violence ou les menaces.

ART. 106.

Commettre l'un des crimes prévus par les articles

103, 104 et 105, à l'égard 'des municipalités ou de l'un de ses membres.

Peines : Le quart des peines prononcées par ces articles, excepté celles qu'on aurait, en outre, encourues pour la violence ou les menaces dans les cas prévus par l'article 105, lesquelles seront infligées aux coupables dans leur totalité.

TITRE IV.

DES CRIMES CONTRE LA SÛRETÉ INTÉRIEURE DE L'EMPIRE ET LA TRANQUILLITÉ PUBLIQUE.

CHAPITRE Iᵉʳ.

CONSPIRATION.

ART. 107.

Lorsque vingt personnes ou davantage se concerteront pour commettre quelqu'un des crimes prévus par les articles 68, 69, 85, 86, 87, 88, 89, 91 et 92, sans avoir commencé la consommation de l'acte.

Peine : L'exil hors de l'empire de quatre à douze ans.

ART. 108.

Lorsque les conspirateurs se désisteront de leur

projet avant qu'il soit découvert ou manifesté par quelque acte extérieur, abandonnant la conspiration, il n'y aura pas lieu à procéder criminellement.

Art. 109.

Si l'un des conspirateurs se désiste de son projet dans les circonstances prévues par l'article précédent, il ne sera pas puni pour crime de conspiration alors qu'elle continuerait entre les autres.

CHAPITRE II.

RÉBELLION.

Art. 110.

Ce crime sera censé commis par la réunion d'une ou de plusieurs populations comprenant en tout plus de vingt mille personnes pour commettre l'un ou quelques-uns des crimes prévus par les articles 68, 69, 85, 86, 87, 88, 89, 91 et 92.

Peines contre les chefs : La prison perpétuelle avec travail pour le degré *le plus grave*, la prison avec travail pendant vingt ans pour le degré *moyen*, et pendant dix ans pour le degré *le moins grave*.

CHAPITRE III.

SÉDITION.

Art. 111.

Ce crime sera censé commis par la reunion de

,plus de vingt personnes armées en tout ou en partie, faite dans le dessein, soit de mettre obstacle à l'entrée en fonctions d'un employé public nommé compétemment et muni d'un titre légitime, soit de le priver de l'exercice de son emploi, soit de mettre obstacle à l'exécution ou à l'accomplissement de quelque acte ou de quelque ordre légal de l'autorité légitime.

Peine contre les chefs : La prison avec travail de trois à douze ans.

ART. 112.

Ne sera pas considérée sédition la réunion d'une population désarmée faite avec ordre, dans l'intention de réclamer contre les injustices, les vexations ou la mauvaise gestion des employés publics.

CHAPITRE IV.

INSURRECTION.

ART. 113.

Ce crime sera censé commis par la réunion de vingt esclaves ou plus, pour obtenir leur liberté par l'emploi de la force.

Peines contre les chefs : La mort pour le degré *le plus grave*, les galères perpétuelles pour le degré *moyen*, et pour quinze ans pour le degré *le plus faible. Contre les autres :* Le fouet.

ART. 114.

Lorsque les chefs de l'insurrection seront des personnes libres, ils encourront les peines prononcées par l'article précédent contre les chefs esclaves.

ART. 115.

Aider, exciter, ou conseiller des esclaves à s'insurger ; leur fournir des armes, des munitions ou leur procurer d'autres secours à cette fin.

Peines : La prison avec travail ,pendant vingt ans pour le degré *le plus grave*, pendant douze ans pour le degré *moyen*, et pendant huit ans pour le degré *le moins grave*.

CHAPITRE V.

RÉSISTANCE.

ART. 116.

S'opposer par la force, d'une manière quelconque, à l'exécution des ordres légaux des autorités compétentes.

Lorsque par suite de l'opposition l'ordre n'aura pu être exécuté, ou lorsque l'étant les officiers chargés de l'exécution auront souffert quelque violence physique de la part des résistants.

Peines : La prison avec travail d'un à quatre ans, outre les peines encourues pour la violence physique.

Lorsque l'ordre s'exécutera sans aucune offense physique par suite de l'opposition.

Peine : Prison avec travail de six mois à deux ans.

ART. 117.

Les menaces de violence capables de frapper un homme d'une fermeté ordinaire seront assimilées, dans ce cas, à une opposition par la force matérielle.

ART. 118.

Les officiers chargés de l'exécution de l'ordre pourront repousser par la force les opposants jusqu'à leur ôter la vie, s'ils ne peuvent remplir leur mission par un autre moyen.

ART. 119.

Provoquer directement par des écrits imprimés, lithographiés ou gravés, distribués à plus de quinze personnes, aux crimes prévus par les chapitres 3 , 4 et 5 , et aussi à désobéir aux lois.

Peines : La prison de deux à seize mois, et une amende correspondante à la moitié de la durée de la peine.

Lorsque la provocation aura lieu par des écrits non imprimés, distribués à plus de quinze personnes, ou par des discours proférés dans des réunions publiques.

Peines : La prison d'un à huit mois, et une amende correspondante à la moitié de la durée de la peine.

CHAPITRE VI.

ENLÈVEMENT ET FUITE DES PRISONNIERS AU POUVOIR DE
LA JUSTICE, ET EFFRACTION DES PRISONS.

ART. 120.

Enlever celui qui se trouvera légalement prisonnier des mains et du pouvoir d'un officier de justice.

Peine : La prison avec travail de deux à huit ans.

ART. 121.

Enlever des mains et du pouvoir de quelques personnes du peuple le prisonnier saisi en flagrant délit, ou après avoir été condamné par sentence.

Peine : La prison avec travail de six à dix-huit mois.

ART. 122.

S'introduire dans une prison par la force et contraindre les concierges ou gardes à laisser fuir les prisonniers.

Si la fuite a lieu.

Peine : La prison avec travail de trois à dix ans.

Si la fuite n'a pas eu lieu.

Peine : La prison avec travail d'un à cinq ans.

ART. 123.

Commettre une effraction dans la prison pour qu'un prisonnier fuie ou puisse fuir.

Peine : La prison avec travail d'un à trois ans.

ART. 124.

Faciliter la fuite des prisonniers par des moyens astucieux.

Peine : La prison de trois à douze ans.

ART. 125.

Lorsque le gardien ou quelque autre personne à laquelle leur garde ou conduite sont confiées laisseront fuir des prisonniers ;

Si c'est par connivence.

Peines : La prison avec travail de deux à six ans, et une amende correspondante à la moitié de la durée de la peine.

Si c'est par négligence.

Peine : La prison avec travail d'un à trois ans.

ART. 126.

Lorsque la fuite sera tentée ou effectuée par le prisonnier lui-même, il ne sera pas puni pour ce fait, mais il sera mis dans des prisons solitaires, où on lui mettra des fers pour s'assurer de lui, si cela paraît nécessaire au juge sous la direction duquel se trouve la prison.

Si, néanmoins, les prisonniers ont fui à l'aide de violence envers le concierge ou le gardien.

Peines : La prison de trois mois à un an, outre les peines encourues pour la violence.

ART. 127.

Faire effraction ou entrer de force dans quelque prison pour maltraiter les prisonniers.

Peines : La prison avec travail d'un à cinq ans, outre celles que le coupable aura encourues pour le crime commis envers les prisonniers.

CHAPITRE VII.
DÉSOBÉISSANCE AUX AUTORITÉS.

ART. 128.

Désobéir à un employé public dans un acte de l'exercice de ses fonctions, ou ne pas exécuter ses ordres légaux.

Peine : La prison de six jours à deux mois.

TITRE V.
DES CRIMES CONTRE LE BON ORDRE ET L'ADMINISTRATION PUBLIQUE.

CHAPITRE Ier.
PRÉVARICATIONS, ABUS ET OMISSIONS DES EMPLOYÉS PUBLICS.

SECTION Ire.
PRÉVARICATION.

ART. 129.

Seront déclarés prévaricateurs, les employés pu-

4

blics, qui, par affection, haine, condescendance, ou qui, mus par des intérêts personnels,

1° Jugeront ou procéderont contre l'exécution littérale de la loi;

2° Enfreindront quelque loi ou quelque règlement;

3° Conseilleront l'une des parties en litige devant eux,

4° Toléreront, dissimuleront ou céleront des crimes ou des fautes officielles de leurs subordonnés, en ne procédant pas, ou en n'ordonnant pas de procéder contre eux, ou en n'informant pas l'autorité supérieure dans les cas où ils n'auraient pas juridiction pour procéder ou ordonner de procéder;

5° Omettront de procéder contre les délinquants que les lois leur ordonnent de saisir, d'accuser, de juger et de punir;

6° Refuseront ou suspendront l'administration de la justice en ce qui est de leurs attributions ou des devoirs de leur charge, lorsqu'ils en seront requis par une partie, ou lorsqu'elle est exigée par l'autorité publique ou déterminée par la loi;

7° Pourvoiront d'un emploi public ou proposeront pour cet emploi une personne qu'ils sauront ne pas réunir les qualités légales.

Peines: La perte de l'emploi, du poste ou de l'office avec l'inhabileté d'en occuper un autre pendant un an, et une amende correspondant à six mois pour

le degré *le plus grave ;* perte de l'emploi avec la
même amende pour le degré *moyen ;* suspension pour
trois ans, et une aménde correspondant à trois mois
pour le degré *le moins grave.*

·Lorsque la prévarication consistera à appliquer une
peine contre l'exécution littérale de la loi, on infligera
à l'employé public la même peine, si le condamné
l'a subie ; si le condamné n'a pas subi la peine, on
infligera au fonctionnaire public la peine de la tentative du crime pour lequel la condamnation sera prononcée.

8° Fabriqueront quelque procédure, acte, titre
ou signature fausse, dans une matière ou procédure
tenant à l'accomplissement de leur emploi ;

Altéreront un acte ou titre véridique, pour en dénaturer le sens ; bifferont ou ratureront un de leurs
livres officiels ; ne rendront pas compte des procédures,
actes ou titres qui leur auraient été remis à raison de
leur emploi, ou retireront de ces actes des requêtes,
représentations ou quelque autre titre qui s'y trouveraient joints et qui auraient été mis aux mains ou au
pouvoir des fonctionnaires, à raison ou pour l'accomplissement de leur charge.

Peines : La perte de l'emploi avec inhabileté d'un à
six ans d'en occuper un autre, la prison avec travail
de deux mois à quatre ans, et une amende de cinq à
vingt pour cent du dommage causé par le faux.

Quand un autre crime sera résulté du faux, et qu'il

4.

emportera une peine plus forte, elle sera aussi infligée au coupable;

9° Soustrairont, supprimeront ou ouvriront des lettres, depuis qu'elles sont confiées à la poste aux lettres, ou concourront à ce qu'un autre le fasse.

Peines : La perte de l'emploi, la prison de deux à six mois, et une amende égale à la moitié de la durée de la peine.

Lorsque, par abus de pouvoir, ils auront commis ces crimes à l'égard d'une lettre envoyée par un porteur particulier.

Peines : La prison de vingt à soixante jours, et une amende égale à la moitié de la durée de la peine.

Les peines seront doublées à l'égard de celui qui découvrira en tout ou en partie ce que la lettre contiendra, et les lettres ainsi obtenues ne seront pas admises en justice.

SECTION II.

CORRUPTION PAR PRÉSENT.

ART. 130.

Recevoir des deniers ou quelque autre don, ou accepter une promesse directe ou indirecte pour faire ou omettre de faire un acte de sa charge contre ou selon la loi.

Peines : La perte de l'emploi avec inhabileté d'en occuper aucun autre, une amende triple du présent, et la prison de trois à neuf mois.

La peine de la prison ne sera pas prononcée lorsque l'acte pour lequel le présent a été reçu ou accepté
n'aura pas été effectué.

ART. 131.

Le juge du droit, du fait ou l'arbitre, encourra les
mêmes peines pour avoir rendu moyennant un présent une sentence même juste.

Lorsque la sentence sera injuste, la prison sera de
six mois à deux ans; lorsqu'elle prononcera une condamnation criminelle, le fonctionnaire corrompu subira la même peine que celle qui aura été infligée au
condamné, moins celle de mort, si elle n'a pas été
exécutée, auquel cas le coupable subira la prison perpétuelle.

Dans tous ces cas la sentence rendue sera nulle.

ART. 132.

Celui qui donnera ou promettra des présents sera
puni des mêmes peines que le fonctionnaire corrompu,
conformément aux articles précédents, moins la perte
de l'emploi, quand il en aura eu, et l'acte pour lequel
le présent a été fait sera nul.

SECTION III.

SUBORNATION.

ART. 133.

Se laisser corrompre par l'influence ou les prières

de quelqu'un pour faire ce qu'on ne doit pas ou omettre de faire ce qu'on doit.

Se décider par un présent ou une promesse, à nommer ou proposer quelqu'un à un emploi; même réunissant les qualités légales.

Peines : Les mêmes que celles prononcées dans les cas de corruption par présent.

ART. 134.

Toutes les dispositions des articles 130, 131 et 132, relatifs aux corrompus et aux corrupteurs, seront observées à l'égard des subornés et des suborneurs.

SECTION IV.

CONCUSSION.

ART. 135.

Se rendra coupable de ce crime :

1° L'employé public chargé de la perception, du recouvrement des revenus ou deniers publics, ou de la répartition de quelque impôt, qui directement ou indirectement exigera des contribuables ou leur fera payer ce qu'il sait né lui être pas dû.

Peine : La suspension de l'emploi de six mois à deux ans.

Dans le cas où l'employé public s'appropriera ce qu'il aura exigé ou exigera à cette fin,

La peine sera la perte de l'emploi, la prison de

deux mois à quatre ans, et une amende de cinq à vingt pour cent de ce qu'il aura exigé ou fait payer.

2° Celui qui, pour recouvrer les impôts ou autres droits légitimes, emploiera volontairement contre les contribuables des moyens plus onéreux que ceux prescrits par les lois, ou leur fera souffrir des vexations injustes.

Peines : La suspension de l'emploi de six à dix-huit mois, outre les peines encourues pour les vexations exercées.

Lorsque, pour commettre l'un de ces délits, on emploiera la force armée, on prononcera, en outre, la prison de trois mois à dix ans.

3° Celui qui, chargé de faire un payement en raison de son emploi, exigera par lui-même ou par un tiers, ou consentira qu'un autre exige de celui qui doit recevoir une récompense, une gratification, un escompte ou des émoluments non déterminés par les lois.

Peines : La perte de l'emploi, la prison de deux mois à quatre ans, et une amende de cinq à vingt pour cent de la valeur exigée, qu'il restituera si la valeur a été reçue.

4° Celui qui, sans juste motif, s'abstiendra de faire un payement, comme et quand il le devra, par suite de sa charge.

Peines : La suspension de l'emploi d'un à trois mois, et une amende de cinq à vingt pour cent de ce qu'il se sera indûment abstenu de payer;

5° Celui qui, pour accomplir son devoir, exigera directement ou indirectement une gratification, des émoluments ou une prime non fixés par les lois.

Peines : La perte de l'emploi, la prison de deux mois à quatre ans, et une amende de cinq à vingt pour cent de la valeur exigée, qu'il restituera lorsqu'il l'aura reçue.

Lorsque, dans l'un des cas prévus par les paragraphes 1 et 2, quelqu'un se prétendra muni d'un ordre supérieur qu'il n'aura pas,

La peine sera la prison de six mois à un an, outre les autres peines qu'il aura encourues.

ART. 136.

Les particuliers chargés par affermement, ou à quelque autre titre, de recouvrer ou d'administrer des revenus, ou des droits, qui commettront l'un des crimes prévus par l'article précédent, encourront les mêmes peines que les employés publics.

SECTION V.

EXCÈS OU ABUS D'AUTORITÉ OU D'INFLUENCE RÉSULTANT DE L'EMPLOI.

ART. 137.

S'arroger, et effectivement exercer sans droit ni motif légitime, quelque fonction ou emploi publics.

Peines : La prison d'un mois à trois ans, et une

amende égale au double du traitement et des autres émoluments qu'on aura reçus.

ART. 138.

Exercer les fonctions d'un emploi sans avoir prêté devant l'autorité compétente le serment et fourni le cautionnement ou la garantie exigés par la loi.

Peines : La suspension de l'emploi jusqu'à la justification des conditions exigées, et une amende égale au double du traitement et des autres émoluments de l'emploi qu'on aura reçus.

ART. 139.

Excéder les limites des fonctions particulières de l'emploi.

Peines : La suspension de l'emploi d'un mois à un an, outre les autres peines qu'on encourra.

ART. 140.

Continuer l'exercice des fonctions d'un emploi ou d'une commission après avoir été instruit officiellement qu'on est suspendu, destitué, changé ou remplacé légalement, excepté dans les cas où la loi autorise à continuer.

Peines : La prison de trois mois à un an, et une amende égale au double du traitement et des autres émoluments qu'on aura indûment reçus depuis la suspension, la révocation, le changement ou le remplacement légal.

ART. 141.

S'arroger, et effectivement exercer sans droit ou
motif légitime, un commandement militaire; conserver
un commandement militaire contre l'ordre du gouvernement ou du légitime supérieur, ou conserver, ou
réunir une troupe après avoir été instruit que la loi, le
gouvernement ou quelque autre autorité compétente
aura ordonné son licenciement et sa séparation.

Peines : Exil hors de l'empire pendant quinze ans
pour le degré *le plus grave;* la déportation dans
l'une des provinces les plus éloignées de la résidence
du coupable pendant huit ans pour le degré *moyen*,
et pendant quatre ans pour le degré *le moins grave.*

ART. 142.

·Expédier un ordre illégal ou faire des réquisitions
illégales.

Peines : La perte de l'emploi pour le degré *le
plus grave*, la suspension pendant trois ans pour
le degré *moyen*, et pendant une année pour le degré
le moins grave.

Celui qui exécutera la réquisition ou l'ordre illégal
sera considéré agir comme si cet ordre ou cette réquisition n'existaient pas, et il sera puni pour l'excès de
pouvoir ou de juridiction qu'il aura commis.

ART. 143.

Sont réquisitions ou ordres illégaux, ceux émanés

d'une autorité incompétente ou dépourvus des formalités extérieures nécessaires pour les valider, ou ceux
manifestement contraires aux lois.

Art. 144.

·Excéder les bornes raisonnables de réprimander,
châtier ou corriger, en offensant, outrageant ou mal-
·traitant par des actions, des paroles ou des écrits un
subalterne, ou une ·personne dépendante ou quelque autre avec lesquels on a des relations à raison de
son emploi.

Peine : La suspension de l'emploi ·d'un à six
mois.

Art. 145.

Commettre quelques violences dans l'exercice des
fonctions de son emploi ou sous le prétexte de l'exercer.

Peines : La perte de l'emploi pour le degré *le
plus grave,* la suspension pendant trois ans pour le
degré *moyen,* et pendant un an pour le degré *le
moins grave,* outre les peines encourues pour la
violence.

·Art. 146.

Acquérir, par soi-même, directement ou indirectement, ou par un acte simulé, en tout ou en partie, une
propriété ou un effet dans l'administration, dans la
disposition ou la garde desquels on doit intervenir à
raison de son emploi, ou entrer dans une spéculation

de gain ou d'intérêt relativement à cette propriété ou
à ces effets.

Peines : La perte de l'emploi, la prison de deux
mois à quatre ans et une amende de cinq à vingt pour
cent de la valeur de la propriété, de l'effet ou de l'intérêt de la négociation.

En tout cas l'acquisition sera nulle.

ART. 147.

Les mêmes peines s'infligeront à ceux qui commettront les crimes prévus par l'article précédent, dans
les cas où ils interviendront avec le caractère d'ex-
perts, de priseurs, d'arbitres, de départiteurs ou de
comptables : de même aussi aux tuteurs, curateurs,
exécuteurs testamentaires ou dépositaires qui failliront
de l'une des manières susdites relativement aux biens
des pupilles, aux successions testamentaires ou aux
dépôts.

ART. 148.

Les présidents, les commandants d'armes des provinces, les magistrats à vie, les curés et tous les officiers
de finance d'un district qui, pendant qu'ils exerceront
leurs fonctions, trafiqueront sur des objets quelcon-
ques, qui ne sont pas les produits de leurs propres
biens.

Peines : La suspension de l'emploi d'un à trois ans,
et une amende correspondante à la moitié de la durée
de la peine.

Sera, néanmoins, permis à toutes les personnes sus-énumérées de prêter de l'argent à intérêt, ou de prendre des intérêts par le moyen des actions dans les banques et compagnies publiques, pourvu qu'ils n'y exercent pas les fonctions de directeurs, d'administrateurs ou d'agents, sous quelque titre que ce soit.

ART. 149.

Quiconque se constituera débiteur d'un officier ou employé, son inférieur, ou se donnera à lui comme sa caution, ou contractera avec lui quelque autre obligation pécuniaire.

Peines : La suspension de l'emploi de trois à neuf mois, et une amende de cinq à vingt pour cent du *quantum* de la dette, de la caution ou de l'obligation.

ART. 150.

Solliciter ou séduire une femme en instance devant soi, coupable, ou accusée, ou exposante, ou poursuivant quelque demande.

Peines : La suspension de l'emploi de quatre à seize mois, outre les autres peines qu'on aura encourues.

Lorsque le crime aura été commis par un juge du fait.

Peines : La prison de deux à dix mois, outre les autres peines qu'il aura encourues.

ART. 151.

Lorsque le crime prévu par l'article précédent aura

été commis par un concierge, un gardien ou un autre
employé d'une prison, d'une maison de réclusion ou
d'un autre établissement, avec une femme prisonnière
ou confiée à sa garde ou à sa surveillance, ou avec la
femme, la fille ou la sœur de la personne ainsi prisonnière ou confiée à sa garde ou à sa surveillance.

Peines : La perte de l'emploi, la prison de quatre
à seize mois, outre les autres peines que le coupable
aura encourues.

Art. 152.

Si de l'excès ou de l'abus résulte un préjudice pour
les intérêts nationaux.

Peines : Une amende de cinq à vingt pour cent du
préjudice causé, outre les autres peines que le coupable aura encourues.

SECTION VI.

DÉFAUT D'EXACTITUDE DANS L'ACCOMPLISSEMENT DE SES DEVOIRS.

Art. 153.

Ce crime peut être commis par ignorance, indo-
lence, nonchalance, négligence ou omission, et sera
puni de la manière suivante.

Art. 154.

S'abstenir d'exécuter ou de faire exécuter exactement quelque loi ou règlement ; s'abstenir d'exécuter ou de faire exécuter, lorsque cela était possible, quelque ordre ou réquisition légale d'un autre employé.

Peine : La suspension de l'emploi d'un à neuf mois.

ART. 155.

La même peine sera infligée à celui qui retardera l'exécution d'un ordre ou d'une réquisition pour faire des représentations à son égard, si ce n'est dans les cas suivants :

1° Quand il aura motif pour douter raisonnablement de son authenticité ;

2° Quand il lui paraîtra évident qu'il aura été obtenu par subreption, obreption ou contre la loi ;

3° Quand de l'exécution il doit, selon la raison, résulter des inconvénients graves que le supérieur ou le requérant n'a pas pu prévoir.

Bien que, dans ces cas, l'exécuteur de l'ordre ou de la réquisition puisse suspendre son exécution pour faire des représentations, *il ne sera entièrement exempt de peine qu'autant qu'il démontrera clairement dans sa représentation la certitude ou la gravité des motifs sur lesquels il s'est fondé.*

ART. 156.

S'abstenir de rendre effectivement responsables les subalternes qui n'exécuteront pas complétement et promptement les lois, règlements et ordres, et ne pas

procéder immédiatement contre eux en cas de déso-
béissance ou d'omission.

Peine : La suspension de l'emploi d'un à neuf
mois.

Art. 157.

Quitter, même temporairement, l'exercice de son
emploi sans permission préalable du supérieur légitime, ou dépasser les délais de la permission obtenue,
sans motif urgent et communiqué.

Peines : La suspension de l'emploi d'un à trois
ans, et une amende correspondant à la moitié de la
durée de la suspension.

Art. 158.

Ne pas emprisonner où ne pas réprimer des malfaiteurs ou des coupables de crimes publics qui exis-
teraient dans les lieux de sa juridiction selon les
moyens qui sont à sa disposition.

Peines : La suspension de l'emploi d'un à trois
mois, et une amende correspondant au tiers de la
durée de la suspension.

Art. 159.

Refuser ou retarder l'administration de la justice en
ce qui est de ses attributions, ou quelque autre service
qu'on doit légalement ou que la chose publique
exige.

Peines : La suspension de l'emploi de quinze jours

à trois mois, et une amende égale au tiers de sa durée.

ART. 160.

Juger ou procéder contre une loi positive.

Peine : La suspension de l'emploi d'un à trois ans.

ART. 161.

Infliger au coupable, dans le jugement d'un procès criminel, une peine plus forte que celle portée par la loi.

Peines : La perte de l'emploi, et la prison d'un à six ans.

ART. 162.

Enfreindre les lois qui règlent l'ordre d'une procédure, en donnant pour cause qu'elles sont réformées.

Peines : Faire la rectification à ses frais, et une amende égale à la dépense qu'elle aura occasionnée.

ART. 163.

Les juges du droit ou du fait qui jugeront les causes dans lesquelles les lois les auront déclarés suspects, ou dans lesquelles les parties les auront légitimement récusés ou donnés comme suspects.

Peines : La suspension d'un à trois ans, et une amende égale à la sixième partie de sa durée.

ART. 164.

Révéler un secret dont on a été instruit à raison de son emploi.

5

Peines : La suspension de l'emploi de deux à dix-huit mois, et une amende égale à la moitié de la durée.

Art. 165.

Lorsque la révélation sera celle d'un secret qui touche à l'indépendance et à l'intégrité de la nation dans l'un des cas prévus par le titre Iᵉʳ, chapitre 1ᵉʳ.

Peines doubles.

SECTION VII.

IRRÉGULARITÉ DE CONDUITE.

Art. 166.

L'employé public qui sera convaincu de débauche publique et scandaleuse, du défaut de jouer des jeux prohibés, ou d'ivrognerie répétée, ou d'avoir quelque inaptitude notoire, ou de négligence habituelle dans l'accomplissement de ses fonctions.

Peines : La perte de l'emploi avec inhabileté à en occuper aucun autre jusqu'à ce qu'il fasse constater qu'il s'est complétement amendé.

CHAPITRE II.

FAUX.

Art. 167.

Fabriquer quelque écriture, papier ou signature fausse, dans lesquels ne sera pas intervenue la personne à laquelle on veut les attribuer, ou dont elle aura une entière ignorance ;

Faire dans quelque écriture ou sur quelque papier véridique quelque altération pour en changer le sens ;

Supprimer quelque écriture ou papier véridique ;

Se servir d'écriture ou de papier faux ou falsifiés comme s'ils étaient véridiques et sachant qu'ils ne le sont pas ;

Concourir à un faux, soit comme témoin, soit de toute autre manière.

Peines : La prison avec travail de deux mois à quatre ans, et une amende de cinq à vingt pour cent du dommage causé ou qu'on aurait pu causer.

ART. 168.

S'il résulte du faux un autre crime emportant une peine plus grave, le coupable l'encourra également.

CHAPITRE III.

PARJURE.

ART. 169.

Faire un faux serment en justice, si la cause dans laquelle le serment est prêté est civile.

Peines : La prison avec travail d'un mois à un an, et une amende de cinq à vingt pour cent de la valeur de la cause.

Si la cause est criminelle et le faux serment en faveur du coupable.

Peines : La prison avec travail de deux mois à deux ans, et une amende égale à la moitié de la durée de la peine.

Si le témoignage est contre le coupable dans une affaire capitale.

Peines : Les galères perpétuelles pour le degré *le plus grave*, la prison avec travail pendant quinze ans pour le degré *moyen* et pendant huit ans pour le degré *le moins grave*

Si le témoignage est contre le coupable dans une affaire non capitale.

Peines : La prison avec travail de trois à neuf ans, et une amende égale à la moitié de la durée de la peine.

TITRE VI.

DES CRIMES CONTRE LE TRÉSOR PUBLIC ET LA PROPRIÉTÉ PUBLIQUE.

CHAPITRE Ier.

PÉCULAT.

ART. 170.

L'employé public qui s'approprie, consomme ou détourne, ou consent à ce qu'un autre s'approprie, consomme ou détourne, en tout ou en partie, des deniers ou effets publics confiés à sa garde.

Peines : La perte de l'emploi, la prison avec travail de deux mois à quatre ans, et une amende de cinq à vingt pour cent du *quantum* ou de la valeur des effets appropriés, consommés ou détournés.

ART. 171.

Prêter des deniers ou effets publics, ou faire des payements avant le temps de leur échéance, sans y être légalement autorisé.

Peines : La suspension de l'emploi d'un mois à un an, et une amende de cinq à vingt pour cent du *quantum* ou de la valeur des effets qu'on aura prêtés, ou payés avant terme.

ART. 172.

Les mêmes peines seront encourues, outre la perte de l'intérêt qu'ils devaient percevoir, par ceux qui, à quelque titre que ce soit, auront à leur charge des deniers ou effets publics, et qui se les approprieront, les consommeront ou les détourneront, ou consentiront à ce qu'un autre se les approprie, les consomme ou les détourne, ou qui les prêteront ou qui feront des payements avant l'échéance sans autorisation légale.

CHAPITRE II.

FAUSSE MONNAIE.

ART. 173.

Fabriquer de la monnaie sans autorisation légitime, alors même qu'elle serait faite avec la même matière et sous la même forme que la véritable, et qu'elle aurait son vrai et légitime poids et sa valeur intrinsèque.

Peines : La prison avec travail d'un à quatre ans, et une amende égale au tiers de la durée de la peine, outre la perte de la monnaie découverte, et des objets destinés à la fabrication.

Si la monnaie n'est pas fabriquée avec la matière légale ou n'a pas le poids légal.

Peines : La prison avec travail de deux à huit ans, et une amende égale à la moitié de la durée de la peine, outre la perte susdite.

Art. 174.

Fabriquer ou falsifier quelques papiers de crédit reçus comme monnaie dans les établissements publics, ou introduire une monnaie fausse fabriquée en pays étranger.

Peines : La prison avec travail de deux à huit ans, et une amende égale à la moitié de la durée de la peine, outre la perte sus-mentionnée.

Art. 175.

Introduire frauduleusement, dans la circulation, de la monnaie fausse ou des papiers de crédit se recevant dans les établissements publics comme monnaie, en connaissant la fausseté.

Peines : La prison de six mois à deux ans, et une amende égale à la moitié de la durée de la peine.

ART. 176.

Diminuer le poids de la monnaie véritable, ou en augmenter la valeur par quelque fraude.

Peines : La prison avec travail de deux mois à quatre ans, et une amende égale à la moitié de la durée de la peine.

CHAPITRE III.

CONTREBANDE.

ART. 177.

Importer ou exporter des produits ou marchandises prohibées, ou ne pas payer les droits fixés pour leur importation ou leur exportation.

Peines : Perte des marchandises ou produits, et une amende égale à la moitié de leur valeur.

CHAPITRE IV.

DESTRUCTION OU DÉGRADATION DES CONSTRUCTIONS, MONUMENTS OU PROPRIÉTÉS PUBLIQUES.

ART. 178.

Détruire, abattre, mutiler ou endommager des monuments, édifices ou propriétés publiques, ou quelques autres objets destinés à l'utilité, à la décoration ou aux réjouissances publiques.

Peines : La prison avec travail de deux mois à quatre ans, et une amende de cinq à vingt pour cent de la valeur du dommage causé.

TROISIÈME PARTIE.

DES CRIMES PARTICULIERS.

TITRE Ier.

DES CRIMES CONTRE LA LIBERTÉ INDIVIDUELLE.

ART. 179.

Réduire en esclavage une personne libre, qui se trouve en possession de sa liberté.

Peines : La prison de trois à neuf ans, et une amende égale au tiers de la durée de la peine, sans que le temps de la prison puisse être d'une moindre durée que l'esclavage injuste, et d'un tiers en sus.

ART. 180.

Empêcher quelqu'un de faire ce que la loi permet, ou le forcer à faire ce qu'elle n'exige pas.

Peines : La prison d'un à six mois, et une amende égale à la moitié de la durée de la peine.

Si le crime a été commis par un employé public, qui, pour l'exécuter, s'est servi de son emploi, il encourra, outre les peines portées, la suspension de cet emploi de deux mois à quatre ans.

ART. 181.

Ordonner l'emprisonnement de quelqu'un sans en avoir le pouvoir compétent, ou avant l'instruction sur le délit et hors les cas où la loi l'autorise;

Mettre en prison sans ordre écrit de l'autorité militaire, hors les cas où les militaires ou officiers de justice chargés de l'emprisonnement des malfaiteurs prendront un individu suspect pour le représenter directement au juge, et aussi hors le cas de flagrant délit;

L'ordre donné par un juge de saisir quelqu'un hors les cas permis par les lois, ou ordonner que depuis son arrestation il restera au secret au delà du temps prescrit par la loi;

Ordonner l'emprisonnement ou ne pas ordonner la mise en liberté du coupable qui a donné une caution légale dans les cas où la loi l'admet;

Le concierge qui recevra quelque personne en prison sans ordre écrit de l'autorité compétente, hors les cas d'exception indiqués ci-dessus, quand il n'aura pas été possible de la conduire devant le juge;

Le concierge qui aura, sans ordre écrit de l'autorité compétente, tenu quelqu'un au secret ou dans une prison autre que celle désignée par le juge;

Le juge ou le concierge qui cachera à l'autorité quelque prisonnier qui aurait droit de lui être représenté;

Le juge qui retardera le procès d'un coupable prisonnier. ou d'une personne cautionnée au delà des délais légaux, ou retardera l'acte de sa délivrance.

Peines : La suspension de l'emploi d'un mois à un an, et la prison de quinze jours à quatre mois, laquelle ne pourra jamais être d'une moindre durée que l'emprisonnement de la partie lésée et d'un tiers en sus.

ART. 182.

Le juge qui ne donnera pas au prisonnier, dans le temps marqué par la constitution, la notice qu'elle exige, contenant le motif de l'emprisonnement, et les noms de l'accusateur et des témoins lorsqu'il les aura.

Peine : La prison de cinq jours à un mois.

ART. 183.

Les juges qui refuseront, lorsque cela est licite, de donner des ordres d'*habeas corpus*, ou de les accorder, lorsqu'ils en seront régulièrement requis, et dans les cas où ces ordres peuvent être légalement délivrés, ou retarderont sans motif leur délivrance, ou s'abstiendront, à dessein ou avec connaissance de cause, de les donner, indépendamment de toute réquisition, dans les cas déterminés par la loi.

Peines : La suspension de l'emploi d'un mois à un an, et la prison de quinze jours à quatre mois.

ART. 184.

Les officiers de justice qui refuseront ou retarderont

d'une manière quelconque la signification d'un ordre
d'*habeas corpus* qui leur aura été présenté ou l'exécution des autres diligences nécessaires pour que cet
ordre reçoive son effet.

Peines : Les mêmes qu'à l'article précédent.

ART. 185.

Refuser ou retenir une personne lorsqu'il sera
donné un ordre légal d'*habeas corpus* dûment notifié,
se refuser à la remise ou à la représentation du prisonnier dans le lieu et au temps déterminés par l'ordre,
s'abstenir de rendre un compte circonstancié des motifs de l'emprisonnement ou du non accomplissement
de l'ordre dans les cas fixés par la loi.

Peines : La prison de quatre à seize mois, et une
amende égale à la moitié de la durée de la peine.

ART. 186.

Faire remise du prisonnier à une autre autorité, le
céler ou le changer de prison afin d'éluder un ordre
d'*habeas corpus* depuis qu'on sait d'une manière quelconque que l'ordre est délivré et qu'il doit être présenté.

Peines : La prison de huit mois à trois ans, et une
amende égale à la moitié de la durée de la peine.

ART. 187.

Arrêter de nouveau pour la même cause une personne qui aura été mise en liberté par suite d'un ordre
d'*habeas corpus* délivré compétemment.

Peines : La prison de quatre mois à deux ans, et une

amende égale à la moitié de la durée de la peine.

Lorsque les crimes spécifiés dans les trois articles précédents auront été commis par des employés publics à raison et dans l'exercice de leurs fonctions, ils encourront, au lieu de la peine de l'amende, la suspension de leur emploi, savoir : dans le cas de l'article 185, de deux mois à deux ans; dans le cas de l'article 186, d'un à quatre ans, et dans le cas de l'article 187, de six mois à trois ans.

ART. 188.

Tout citoyen de plus de dix-huit ans d'âge et de moins de cinquante qui refusera, sans juste motif, lorsqu'il en aura été dûment requis, de prêter secours à un officier chargé de l'exécution d'un ordre légitime d'*habeas corpus.*

Peine : Une amende de dix à soixante mille reis [1].

ART. 189.

Retenir quelqu'un en prison *privée* alors même qu'il y a autorisation ou ordre compétents pour commander ou exécuter l'emprisonnement.

Peine : La prison de quinze jours à trois mois, qui ne pourra être d'une durée moindre que celle soufferte par la partie lésée.

ART. 190.

Il y aura prison *privée* lorsque quelqu'un aura été

[1] Mille reis valent six francs, argent de France, sauf la différence du cours.

retenu prisonnier dans une maison ou dans un édifice
non désigné comme prison publique, ou y aurait été
conservé sans une très-urgente nécessité par l'autorité,
l'officier où la personne qui a donné l'ordre de l'arrêter
ou l'a arrêtée, ou aussi quand il sera détenu dans une
prison publique par qui n'aura pas d'autorité pour cela.

ART. 191.

Poursuivre pour motif de religion celui qui respecte
celle de l'état et n'offense pas la morale publique.

Peines : La prison d'un à trois mois, outre celle
qu'on aura pu encourir.

TITRE II.
DES CRIMES CONTRE LA SURETÉ INDIVIDUELLE.

CHAPITRE Ier.
DES CRIMES CONTRE LA SURETÉ ET CONTRE LA VIE
DES PERSONNES.

SECTION Ire.
HOMICIDE.

ART. 192.

Tuer quelqu'un avec l'une des circonstances aggravantes désignées à l'article 16, nos 2, 7, 10, 11, 12,
13, 14 et 17.

Peines : La mort pour le degré *le plus grave*, les galères perpétuelles pour le degré *moyen*, et la prison avec travail pendant vingt ans pour le degré *le moins grave*.

ART. 193.

Lorsque l'homicide n'aura pas été accompagné de l'une des circonstances aggravantes sus-indiquées.

Peines : Les galères perpétuelles pour le degré *le plus grave*, la prison avec travail pendant douze ans pour le degré *moyen*, et pendant six ans pour le degré *le moins grave*.

ART. 194.

Lorsque la mort aura lieu, sans que le mal causé fût mortel, mais parce que l'offensé n'a pas apporté tous les soins nécessaires pour sa guérison.

Peine : La prison avec travail de deux à dix ans.

ART. 195.

Le mal sera jugé mortel sur l'avis des médecins, et s'ils ne s'accordent pas, ou qu'on ne puisse les entendre, le coupable sera puni des peines portées en l'article précédent.

ART. 196.

Aider quelqu'un à se suicider ou lui en fournir les moyens avec connaissance de cause.

Peine : La prison de deux à six ans.

SECTION II.

INFANTICIDE.

ART. 197.

Tuer un enfant nouveau-né.

Peines : La prison de trois à douze ans, et une amende égale à la moitié de la durée de la peine.

ART. 198.

Lorsque la propre mère aura tué son enfant nouvellement né pour cacher son déshonneur.

Peine : La prison avec travail d'un à trois ans.

SECTION III.

AVORTEMENT.

ART. 199.

Occasionner l'avortement par quelque moyen employé intérieurement ou extérieurement avec le consentement de la femme enceinte.

Peine : La prison avec travail d'un à cinq ans.

Lorsque le crime aura été commis sans le consentement de la femme enceinte.

Peines doubles.

ART. 200.

Fournir avec connaissance de cause les drogues ou

quelques moyens. pour produire l'avortement alors même qu'il ne se vérifierait pas.

Peine : La prison avec travail de deux à six ans.

Lorsque le crime aura été commis par un médecin, un pharmacien, un chirurgien ou praticien de ces arts.

Peines doubles.

SECTION IV.

COUPS ET AUTRES OFFENSES PHYSIQUES.

ART. 201.

Frapper ou blesser quelque partie du corps humain ou faire quelque autre offense physique qui causera de la douleur à l'offensé.

Peines : La prison d'un mois à un an, et une amende égale à la moitié de la durée de la peine.

ART. 202.

Lorsqu'il y aura ou qu'il résultera mutilation ou perte d'un membre ou d'un organe doué d'un mouvement distinct ou d'une fonction spéciale qui se peut perdre sans enlever la vie.

Peines : La prison avec travail d'un à six ans, et une amende égale à la moitié de la durée de la peine.

ART. 203.

La même peine sera infligée lorsqu'il y aura ou qu'il résultera incapacité d'un membre ou d'un organe, sans qu'il soit entièrement détruit.

Art. 204.

Lorsqu'il résultera une difformité de la blessure ou d'une autre offense physique.

Peines : La prison avec travail d'un à trois ans, et une amende égale à la moitié de la durée de la peine.

Art. 205.

Lorsque le mal corporel résultant d'un coup ou d'une blessure, ou d'une offense physique, produira une grave altération de santé ou une incapacité de travail de plus d'un mois.

Peines : La prison avec travail d'un à huit ans, et une amende égale à la moitié de la durée de la peine.

Art. 206.

Causer à quelqu'un quelque douleur physique dans le seul but de l'injurier.

Peines : La prison de deux mois à deux ans, et une amende égale aux deux tiers de la durée de la peine.

Si, dans cette intention, on se sert d'un instrument avilissant, ou si l'offense a lieu dans un lieu public.

Peines : La prison de quatre mois à quatre ans, et une amende égale aux deux tiers de la durée de la peine.

SECTION. V.
MENACES.

Art. 207.

Promettre ou protester de faire du mal à quelqu'un

6

soit par des menaces verbales, soit dans des écrits, soit d'une autre manière.

Peines : La prison d'un à six mois, et une amende égale aux deux tiers de la durée de la peine.

Lorsque ce crime aura été commis contre des corporations, ces peines seront doublées.

Art. 208.

Lorsque les menaces seront faites en public, cette circonstance sera considérée comme aggravante.

SECTION VI.

ENTRÉE DANS LA MAISON D'AUTRUI.

Art. 209.

Entrer de nuit dans la maison d'autrui sans le consentement de la personne qui y demeure.

Peines : La prison de deux à six mois, et une amende égale à la moitié de la durée de la peine.

Il n'y aura pas lieu à répression, 1° dans le cas d'incendie ou de ruine actuelle de la maison ou de celle immédiatement voisine; 2° dans le cas d'inondation; 3° dans le cas où le secours est demandé de l'intérieur; 4°, dans le cas où il y est commis un crime de violence contre une personne.

Art. 210.

Entrer de jour dans la maison d'autrui, hors les cas permis et sans les formalités légales.

Peines : La prison d'un à trois mois, et une amende égale à la moitié de la durée de la peine.

ART. 211.

'L'entrée de jour, dans la maison d'un citoyen, est permise,

1° Dans le cas où on le peut la nuit ;

2° Dans les cas où, en conformité des lois, on doit procéder à l'arrestation des délinquants, à la recherche ou à la saisie des objets pris, volés ou obtenus par des moyens criminels, à la recherche des instruments ou traces de délits ou de la contrebande, et à la saisie judiciaire ou au sequestre de biens qu'on caché ou nie avoir ;

3° Dans les cas de flagrant délit ou de la poursuite d'un coupable surpris en flagrant délit.

ART. 212.

·Dans les cas spécifiés au n° 2 de l'article précédent on observera les formalités suivantes : 1° un ordre écrit qui spécifie l'entrée avec la désignation expresse de la diligence et de son motif ; 2° l'assistance d'un greffier ou de quelque autre·officier de justice avec deux témoins au moins.

ART. 213.

L'officier de justice chargé de la diligence l'exécutera avec toute circonspection vis-à-vis des habitants de la maison, en respectant la modestie et l'honneur de la famille, et il sera dressé du tout un acte signé par l'officier et par les témoins.

La transgression de cet article sera punie de la prison de cinq jours à un mois.

ART. 214.

Les dispositions sur l'entrée dans la maison d'un citoyen ne comprendront pas les maisons publiques, les auberges, les cafés, les tavernes et autres lieux semblables, tant qu'ils seront ouverts.

SECTION VII.
OUVERTURE DE LETTRES.

ART. 215.

Retirer malicieusement, de la poste, des lettres qui ne vous appartiennent pas, et sans le consentement de la personne à laquelle elles sont adressées.

Peines : La prison d'un à trois mois, et l'amende de dix à cinquante mille reis.

ART. 216.

Enlever ou s'emparer des lettres aux mains ou en la possession d'un porteur particulier, de quelque manière que ce soit.

Peines : Les mêmes qu'à l'article précédent, outre celles encourues, si le coupable, pour commettre ce crime, a usé de violence ou d'effraction.

ART. 217.

Les peines des articles précédents seront doublées dans le cas où on révélerait à un tiers, en tout ou en partie, le contenu des lettres.

ART. 218.

Les lettres qui seront enlevées de l'une des manières sus-énoncées ne seront pas admises en justice.

CHAPITRE II.

DES CRIMES CONTRE LA SURETÉ DE L'HONNEUR.

SECTION I^{RE}.

VIOL.

ART. 219.

Déflorer une femme vierge de moins de dix-sept ans.

Peines : L'exil hors de la commune où réside la jeune fille déflorée, d'un à trois ans, et la doter.

Lorsque le mariage s'en suivra il n'y aura lieu à aucune peine.

ART. 220.

Si celui qui a commis le viol avait la personne déflorée en son pouvoir ou en sa garde.

Peines : L'exil hors de la province où réside la personne déflorée, de deux à six ans, et la doter.

ART. 221.

Si l'attentat a été commis par un parent de la personne déflorée à un degré qui n'admet pas de dispense pour le mariage.

Peines : La déportation de deux à six ans dans une province très-éloignée de celle où réside la personne déflorée, et la doter.

ART. 222.

Avoir un commerce charnel à l'aide de violences ou de menaces avec quelque femme honnête.

Peines : La prison de trois à douze ans, et doter la partie lésée.

Si celle-ci est une prostituée.

Peine : La prison d'un mois à deux ans.

ART. 223:

Lorsque dans une intention de libertinage il n'y aura eu que de simples offenses personnelles, ayant causé de la douleur ou quelque mal corporel, sans que le commerce charnel ait été consommé.

Peines : La prison d'un à six mois, et une amende égale à la moitié de la durée de la peine, outre les peines encourues par le coupable pour le fait de violences.

ART. 224.

Séduire une femme honnête de moins de dix-sept ans et avoir avec elle un commerce charnel.

Peines : L'exil de la *comarca* où réside la femme séduite, d'un à trois ans, et la doter.

ART. 225.

Il n'y aura pas lieu à l'application des peines portées par les trois articles précédents, lorsque les coupables épouseront les personnes offensées.

SECTION II.

RAPT.

ART. 226.

Enlever par violence, dans une intention de libertinage, quelque femme de la maison ou du lieu où elle sera.

Peines : La prison de deux à dix ans avec travail; et la doter.

ART. 227.

Enlever, à cette même fin, à l'aide de promesses et de caresses, quelque femme vierge ou réputée telle, âgée de moins de dix-sept ans, de la maison de son père, tuteur, curateur ou autre personne au pouvoir ou à la garde de laquelle elle se trouvera.

Peines : La prison d'un à trois ans, et la doter.

ART. 228.

Dans aucun de ces cas il n'y aura lieu à aucune peine lorsque le mariage s'en suivra.

SECTION III.

CALOMNIE ET INJURE.

ART. 229.

Se rendra coupable du crime de calomnie celui qui attribuera faussement à un tiers un fait que la loi a qualifié criminel et qui donne lieu à l'action publique ou à une instruction officielle de justice.

ART. 230.

Lorsque le crime de calomnie aura été commis à l'aide de papiers imprimés, lithographiés ou gravés qui se distribueront à plus de quinze personnes, contre des corporations qui exercent une autorité publique.

Peines : La prison de huit mois à deux ans, et une amende égale à la moitié de la durée de la peine.

ART. 231.

Lorsque la calomnie aura eu lieu contre quelque dépositaire ou quelque agent de l'autorité publique à raison de ses fonctions.

Peines : La prison de six à dix-huit mois, et une amende égale à la moitié de la durée de la peine.

Art. 232.

Lorsqu'elle aura lieu contre une personne particulière ou un employé public, mais non à raison de ses fonctions.

Peines : La prison de quatre mois à un an et une amende égale à la moitié de la durée de la peine.

Art. 233.

Lorsque la calomnie aura lieu par un moyen autre que ceux indiqués en l'article 230, elle sera punie de la moitié des peines portées.

Art. 234.

Celui qui prouvera le fait criminel imputé sera exempt de toute peine.

Art. 235.

Toute accusation faite en justice, qui sera prouvée calomnieuse et intentée de mauvaise foi, sera punie de la peine du fait imputé pour le degré *le moins grave.*

Art. 236.

Sera considéré crime d'injures :

1° L'imputation d'un fait criminel non compris en l'article 229 ;

2° L'imputation de vices ou de défauts qui peuvent exposer à la haine ou au mépris public ;

3° L'imputation vague de crimes ou de vices sans faits spécialisés;

4° Tout ce qui peut porter préjudice à la réputation de quelqu'un;

5° Les discours, gestes ou signes réputés insultants dans l'opinion publique.

Art. 237.

Le crime d'injures commis par l'un des moyens énoncés en l'article 230,

1° Contre des corporations qui exercent une autorité publique.

Peines : La prison de quatre mois à un an, et une amende égale à la moitié de la durée de la peine.

2° Contre quelque dépositaire ou quelque agent de l'autorité publique à raison de ses fonctions.

Peines : La prison de trois à neuf mois, et une amende égale à la moitié de la durée de la peine.

3° Contre des personnes particulières ou des employés publics, mais non à raison de leurs fonctions.

Peines : La prison de deux à six mois, et une amende égale à la moitié de la durée de la peine.

Art. 238.

Lorsque l'injure aura eu lieu par un moyen autre que ceux énumérés en l'article 230, elle sera punie de la moitié des peines portées.

Art. 239.

Les imputations faites à quelque corporation, quelque dépositaire ou agent de l'autorité publique, sur des faits ou omissions contre les devoirs de leurs fonctions, ne seront soumises à aucune peine lorsqu'on en prouvera la vérité.

On ne sera pas admis, au contraire, à prouver celles sur des faits ou omissions de la vie privée, soit contre des employés publics, soit contre des particuliers.

Art. 240.

Lorsque la calomnie ou l'injure seront équivoques, l'offensé pourra demander des explications en justice ou *hors*.

Celui qui en justice se refusera à ces explications demeurera soumis aux peines de la calomnie ou de l'injure auxquelles l'équivoque donnera lieu.

Art. 241.

Le juge qui remarquera des calomnies ou injures écrites dans des défenses ou notes d'actes publics, en ordonnera la radiation à la requête de la partie offensée, et pourra condamner son auteur, s'il est avocat ou procureur, à la suspension de son office, pour huit à trente jours, et à une amende de quatre à quarante mille reis.

Art. 242.

Les calomnies et les injures contre l'Empereur ou contre l'assemblée générale législative seront punies du double des peines portées aux articles 230 et 233.

Art. 243.

Les calomnies et les injures faites à tous ou à chacun des agents du pouvoir exécutif ne seront pas considérées faites ni directement ni indirectement à l'Empereur.

Art. 244.

Les calomnies et les injures contre le régent ou la régence, le prince impérial, l'Impératrice, ou contre l'une des chambres législatives, seront punies du double des peines portées aux articles 231, 233, 237 § 2, et 238.

Art. 245.

Les calomnies et les injures contre l'une des personnes de la famille impériale, ou contre l'un des membres des chambres législatives à raison de l'exercice de ses attributions, seront punies du double des peines portées aux articles 232, 233, 237 § 3, et 238.

Art. 246.

Lorsqu'il sera prouvé que le délinquant aura reçu payement ou promesse pour commettre le crime de calomnie ou d'injure, il sera condamné, outre les autres peines portées, au double des valeurs reçues ou promises.

CHAPITRE III.

DES CRIMES CONTRE LA SURETÉ DE L'ÉTAT CIVIL ET DOMESTIQUE.

SECTION Iʳᵉ.

CÉLÉBRATION DE MARIAGE CONTRE LES LOIS DE L'EMPIRE.

ART. 247.

L'ecclésiastique qui unira en mariage des contractants ne réunissant pas les capacités exigées par les lois.

Peines : La prison de deux mois à un an, et une amende égale à la moitié de la durée de la peine.

ART. 248.

Contracter un mariage clandestin.

Peine : La prison de deux mois à un an.

SECTION II.

POLYGAMIE.

ART. 249.

Contracter mariage une seconde ou plusieurs fois, sans que le premier soit dissous.

Peines : La prison avec travail d'un à six ans, et une amende égale à la moitié de la durée de la peine.

SECTION III.

ADULTÈRE.

ART. 250.

La femme mariée qui commettra un adultère sera punie de la peine de la prison avec travail d'un à trois ans. La même peine sera infligée, dans ce cas, au complice.

ART. 251.

L'homme marié qui aura une concubine nourrie et entretenue à ses frais sera puni de la peine portée en l'article précédent.

ART. 252.

L'accusation de ce crime ne sera permis à personne, si ce n'est au mari et à la femme, et eux-mêmes n'auront plus le droit d'accuser, lorsque dans un temps ils auront consenti à l'adultère.

ART. 253.

L'accusation pour adultère devra être intentée conjointement contre la femme et l'homme avec lequel elle aura commis le crime lorsqu'il sera vivant, et l'un ne pourra être condamné sans l'autre.

SECTION IV.
ACCOUCHEMENTS SUPPOSÉS ET AUTRES FICTIONS CONDAMNABLES.

ART. 254.

La femme qui feindra d'être enceinte et donnera l'accouchement d'autrui pour le sien, ou qui, étant véritablement enceinte, substituera au sien un autre enfant, volera quelque enfant, le cachera ou le changera pour un autre.

Peines : La prison de quatre mois à deux ans, une amende égale à la moitié de la durée de la peine, outre les autres peines qu'elle pourrait encourir.

ART. 255.

L'homme qui se feindra le mari d'une femme contre sa volonté pour usurper les droits du mari, et la femme qui se feindra, à cette même intention, mariée à un homme.

Peines : La prison avec travail d'un à six ans, et une amende égale à la moitié de la durée de la peine.

Lorsque la ruse aura lieu d'accord entre l'homme et la femme au préjudice d'un tiers, outre les peines portées ils subiront celles qu'ils encourront pour le préjudice qu'ils causeront.

ART. 256.

Se feindre employé public.

Peines : La prison d'un mois à un an et une

amende correspondant à la moitié de la durée de la peine.

TITRE III.
DES CRIMES CONTRE LA PROPRIÉTÉ.

CHAPITRE Iᴱᴿ.
VOL.

ART. 257.

Enlever, par soi-même ou par un autre, la chose d'autrui contre la volonté de son possesseur.

Peines : La prison avec travail de deux mois à quatre ans et une amende de cinq à vingt pour cent de la valeur volée.

ART. 258.

Commettra aussi le crime de vol et encourra les peines portées en l'article précédent, celui qui ayant, à une fin déterminée, reçu la chose d'autrui avec le consentement de son possesseur, s'en arrogera la propriété ou en fera un usage pour lequel elle ne lui avait pas été remise.

ART. 259.

Enlever sans autorisation légale sa propre chose quand elle se trouve au pouvoir d'un tiers par convention ou détermination judiciaire, et que le tiers,

par l'enlèvement, en éprouvera un préjudice ou
devra en souffrir.

Peines : Les mêmes qu'en l'article précédent.

Art. 260.

Sera aussi réputé vol, le fait d'avoir trouvé la
chose perdue par autrui, lorsqu'on n'en aura pas informé le juge de paix du district ou l'officier du quartier dans les quinze jours à compter de celui où on
l'a trouvée.

Peines : La prison avec travail d'un mois à deux
ans, et une amende de cinq à vingt pour cent de la
valeur de la chose trouvée.

Art. 261.

Imprimer, graver, lithographier ou introduire
quelques écrits ou estampes qui auront été faits, composés ou traduits par des citoyens brésiliens, pendant leur vie et pendant dix années depuis leur mort,
lorsqu'ils laisseront des héritiers.

Peines : La perte de tous les exemplaires au profit
de l'auteur ou du traducteur, ou de ses héritiers, ou, à
défaut d'exemplaires, une indemnité du double de
leur valeur; en outre, une amende égale au triple de
leur valeur.

Lorsque les écrits ou estampes appartiendront à
des corporations, la prohibition d'imprimer, de graver,
de lithographier ou d'introduire durera seulement l'es-
pace de dix ans.

ART. 262.

Il n'y aura pas lieu à l'action pour vol entre mari et femme, ascendants et descendants et alliés aux mêmes degrés; les veufs ou veuves ne pourront non plus être poursuivis par cette voie quant aux choses qui auraient appartenu au conjoint mort. Dans tous ces cas il y aura seulement lieu à l'action civile pour satisfaction.

CHAPITRE II.

BANQUEROUTE, STELLIONAT ET AUTRES CRIMES CONTRE LA PROPRIÉTÉ.

ART. 263.

La banqueroute qui sera qualifiée frauduleuse conformément aux lois commerciales sera punie de la prison avec travail d'un à huit ans.

Les complices encourront les mêmes peines.

ART. 264.

Sera jugé crime de stellionat : 1° L'aliénation des biens d'autrui comme propres, ou la substitution des choses qui devront se livrer pour d'autres différentes;

2° L'aliénation, la location, l'emphytéose ou le bail de sa chose propre déjà vendue, louée, emphytéosée ou baillée à un tiers, ou l'aliénation de sa propre chose déjà spécialement hypothéquée à un tiers;

3° L'hypothèque spéciale de la même chose à diverses personnes, sa valeur ne suffisant pas pour payer tous les créanciers hypothécaires;

4° En général, tout et chaque artifice frauduleux par lequel on obtiendra d'un autre tout ou partie de sa fortune ou quelques titres.

Peines : La prison avec travail de six mois à six ans, et une amende de cinq à vingt pour cent de la valeur des choses sur lesquelles le stellionat aura lieu.

ART. 265.

User de quelque artifice pour faire contracter à quelqu'un une obligation qu'il n'avait pas en vue, ou ne pouvait contracter.

Détourner ou dissiper, au préjudice du propriétaire, possesseur ou détenteur, une chose de quelque valeur confiée par quelque motif que ce soit avec obligation de la restituer ou de la représenter.

Enlever des feuilles des actes ou registres judiciaires; soustraire de la procédure des documents qui y sont contenus, sans permission de justice.

Peines : La prison avec travail de deux mois à quatre ans, et une amende de cinq à vingt pour cent du *quantum* de l'obligation ou de la valeur détournée ou dissipée, ou du dommage causé.

7.

CHAPITRE III.

DOMMAGE.

ART. 266.

Détruire ou endommager la chose d'autrui, ayant quelque valeur.

Peines : La prison de dix à quarante jours, et une amende de cinq à vingt pour cent de la valeur détruite ou endommagée.

Lorsqu'il y aura des circonstances aggravantes.

Peines : La prison avec travail de deux mois à quatre ans, et la même amende.

ART. 267.

Lorsque la destruction ou la dégradation sera de choses servant à distinguer et séparer les limites des propriétés.

Peines : La prison de vingt jours à quatre mois, et la même amende.

Lorsque la destruction ou la dégradation dans ce cas aura été faite pour s'approprier le terrain d'autrui.

Peines : Les mêmes que pour le vol.

DISPOSITION COMMUNE.

ART. 268.

Il y aura crime contre la propriété, que son objet ait de la valeur par lui-même ou par ce qu'il représente, de quelque manière que ce soit.

TITRE IV.

DES CRIMES CONTRE LES PERSONNES ET LES PROPRIÉTÉS.

ART. 269.

Rapiner [1], c'est-à-dire, voler à l'aide de violence envers les personnes ou les choses.

Peine : Les galères d'un à huit ans.

ART. 270.

Il y aura violence faite à la personne toutes les fois qu'à l'aide d'offenses physiques ou de menaces, ou par quelque autre moyen, on réduira quelqu'un à ne pas pouvoir défendre sa chose.

Il y aura violences faites contre les choses toutes les fois qu'on détruira des obstacles pour la perpétration des rapines ou qu'on aura recours à des effractions extérieures ou intérieures.

Il y aura effraction toutes les fois qu'on emploiera la force ou des instruments ou appareils pour vaincre les obstacles.

[1] *Roubar.* Nous n'avons pas en français d'expression pour rendre celle-ci. Le mot *voler*, qui se traduit en portugais par *furtar*, est le seul que nous ayons pour exprimer l'idée de *soustraction frauduleuse de la chose d'autrui*, que ce soit avec ou sans violence, c'est une pauvreté de notre langue.

ART. 271.

Lorsque pour l'accomplissement de la rapine ou pendant son exécution on commettra un homicide.

Peines : La mort pour le degré *le plus grave*, les galères perpétuelles pour le degré *moyen*, et pendant vingt ans pour le degré *le moins grave*.

ART. 272.

Lorsque la violence physique commise sera irréparable ou qu'il en résultera une difformité, ou que la personne violentée en demeurera estropiée.

Peine : Les galères de quatre à douze ans.

Lorsqu'il résultera de l'offense physique une grave altération de santé ou une incapacité de travail de plus d'un mois.

Peine : Les galères de deux à six ans.

Dans tous les cas prévus par les articles précédents le coupable payera une amende de cinq à vingt pour cent de la valeur dérobée.

ART. 273.

Enfin sera réputé *rapine* et puni comme telle, le vol fait par celui qui se feindra employé public et autorisé pour prendre la chose d'autrui.

ART. 274.

La tentative de *rapine*, lorsque la violence aura

eu lieu sans avoir été jusqu'à l'enlèvement de la chose d'autrui, sera punie comme le crime même.

DISPOSITION COMMUNE AUX DÉLITS PARTICULIERS.

ART. 275.

L'abus de pouvoir des employés publics, dans tous ces délits, sera considéré comme circonstance aggravante.

QUATRIÈME PARTIE.

DES CRIMES DE POLICE.

CHAPITRE Ier.

OFFENSES À LA RELIGION, À LA MORALE ET AUX BONNES MŒURS.

ART. 276.

Célébrer dans une maison ou dans un édifice qui a une forme extérieure de temple, ou publiquement dans un lieu quelconque, le culte d'une religion qui ne sera pas celle de l'État.

Peines : Dispersion, par le juge de paix, de ceux qui se seront réunis pour la célébration du culte, démolition de la forme extérieure, et une amende de deux à douze mille reis que payera chacun de ceux qui se seront réunis.

ART. 277.

Outrager ou tourner en dérision quelque culte établi dans l'empire par le moyen de papiers imprimés, lithographiés ou gravés, qui se distribueront à plus de quinze personnes, ou par le moyen de discours proférés dans des réunions publiques, ou dans une occasion et dans un lieu où le culte se célébrera.

Peines : La prison d'un à six mois, et une amende égale à la moitié de la durée de la peine.

ART. 278.

Répandre, au moyen de papiers imprimés, lithographiés ou gravés, qui se distribueront à plus de quinze personnes, ou par des discours proférés en des réunions publiques, des doctrines qui détruisent directement les vérités fondamentales de l'existence de Dieu et de l'immortalité de l'âme.

Peines : La prison de quatre mois à un an, et une amende égale à la moitié de la durée de la peine.

ART. 279.

Offenser évidemment la morale publique dans des papiers imprimés, lithographiés ou gravés, ou par des estampes et des peintures qui se distribueront à plus de quinze personnes, ou bien aussi qui seront exposées publiquement en vente.

Peines : La prison de deux à six mois, et une amende égale à la moitié de la durée de la peine, et la perte des estampes et gravures ou, à leur défaut, de leur valeur.

ART. 280.

Commettre dans un lieu public quelque action qui, dans l'opinion publique, sera considérée évidemment comme une offense à la morale et aux bonnes mœurs.

Peines : La prison de dix à quarante jours, et une amende égale à la moitié de la durée de la peine.

ART. 281.

Tenir une maison publique pour des jeux qui seraient défendus par les ordonnances des chambres municipales.

Peines : La prison de quinze à soixante jours, et une amende égale à la moitié de la durée de la peine.

CHAPITRE II.

SOCIÉTÉS SECRÈTES.

ART. 282.

La réunion de plus de dix personnes dans une maison à des jours fixes et déterminés sera considérée comme criminelle seulement lorsque ce sera dans un but pour lequel on exigera le secret des associés, et que, dans ce dernier cas, on n'en donnera pas avis d'une manière légale au juge de paix du district dans lequel se fera l'assemblée.

Peines : La prison de cinq à quinze jours pour le chef, le maître de la maison ou l'administrateur de la maison, et du double en cas de récidive.

ART. 283.

La communication au juge de paix devra être faite

avec la déclaration du but général de la réunion et
l'affirmation qu'il n'est pas contraire à l'ordre social,
avec celle des lieux, du temps de la réunion et des
noms de ceux qui dirigeront l'administration de la
société.

Elle sera signée par les déclarants et présentée dans
le délai de quinze jours à compter de·la première
réunion.

ART. 284.

Lorsque les déclarations seront fausses, et que les
réunions auront un but contraire à l'ordre social, le
juge de paix, outre la dispersion de la société, ins-
truira contre les associés.

CHAPITRE III

RASSEMBLEMENTS ILLICITES.

ART. 285.

Ce crime sera considéré commis, lorsque trois ou
un plus grand nombre de personnes se réuniront avec
l'intention de s'aider mutuellement pour commettre
un délit ou pour priver illégalement quelqu'un de
la jouissance ou de l'exercice d'un droit ou d'un
devoir.

ART. 286.

Faire, par un rassemblement illicite, un des actes
prévus par l'article précédent.

Peine : Une amende de vingt à deux cent mille reis, outre les autres peines encourues par le coupable.

ART. 287.

Lorsque le rassemblement illicite aura pour objet d'empêcher la perception de quelque taxe, droit, contribution ou tribut légitimement imposé, ou l'exécution d'une loi où sentence, ou sera destiné à enlever un coupable légalement arrêté.

Peine : Amende de quarante à quatre cent mille reis, outre les autres peines que le coupable aura encourues.

ART. 288.

Ceux qui se seront retirés du rassemblement illicite avant d'avoir commis un acte de violence n'encourront aucune peine.

ART. 289.

Lorsque le juge de paix sera informé qu'il existe un rassemblement illicite de plus de vingt personnes, il se rendra avec son greffier sur les lieux, et, apercevant le rassemblement illicite, il fera connaître son caractère en déployant une bannière verte, et ordonnera aux personnes réunies de se retirer.

ART. 290.

Lorsque le juge de paix ne sera pas obéi, après la troisième sommation, il pourra employer la force pour dissiper le rassemblement et arrêter les chefs, lorsque cela lui paraîtra nécessaire.

ART. 291.

Lorsqu'il n'y aura pas de force armée dans le lieu, ou que sa réunion sera difficile, le juge de paix pourra convoquer les personnes qui seront nécessaires pour dissiper le rassemblement.

ART. 292.

Les hommes libres de plus de dix-huit ans d'âge et de moins de cinquante, qui, étant convoqués par le juge ou par son ordre dans le but exprimé à l'article précédent, refuseront ou tarderont d'obéir sans juste motif.

Peine : Une amende de dix à soixante mille reis.

ART. 293.

Ceux qui, faisant partie d'un rassemblement illicite, ne se seront pas retirés du lieu un quart d'heure après la troisième sommation du juge de paix, ou qui, depuis la dispersion de la réunion, retourneront se réunir.

Peine : Une amende de dix à cent mille reis.

Lorsque des violences auront été commises avant la première sommation du juge de paix.

Peines : Celles portées aux articles 286 et 287.

ART. 294.

Ceux qui commettront des violences après la première sommation du juge de paix.

Peines : La prison avec travail d'un à trois ans, outre les peines qu'ils auront encourues pour la violence.

Lorsque la violence aura eu lieu contre le juge de paix et contre les personnes chargées de disperser le rassemblement.

Peines : La prison avec travail de deux à six ans, outre les peines qu'ils auront encourues pour la violence.

CHAPITRE IV.

VAGABONDS ET MENDIANTS.

ART. 295.

Tout individu qui ne prendra pas une occupation honnête et utile, de laquelle il puisse subsister, après en avoir été averti par le juge de paix, lorsqu'il n'aura pas de revenu suffisant.

Peine : La prison avec travail de huit à vingt-quatre jours.

ART. 296.

Mendier,

1°. Dans les lieux où il existera des établissements publics pour les mendiants, ou des personnes qui s'efforcent de les secourir;

2° Dans les lieux où il n'existe pas de semblables

établissements, lorsque ceux qui mendieront seront en état de travailler;

3° Quand ils feindront des plaies ou autres infirmités;

4° Quand, même invalides, ils mendieront en réunion de quatre ou plus, si ce n'est le père et ses fils. (Ne seront pas compris dans le nombre quatre les femmes accompagnant leur mari, et les jeunes enfants conduisant des aveugles.)

Peine : La prison simple ou avec travail, suivant l'état des forces du mendiant, de huit jours à un mois.

CHAPITRE V.
USAGE D'ARMES DÉFENDUES.

ART. 297.

Se servir d'armes offensives qui seront prohibées.

Peines : La prison de quinze à soixante jours, et une amende égale à la moitié de la durée de la peine, outre la perte des armes.

ART. 298.

N'encourront pas les peines de l'article précédent,

1° Les officiers de justice en course pour l'exercice de leurs fonctions;

2° Les militaires des premier et deuxième ban, et d'ordonnance [1] marchant pour l'exécution d'ordres

---

[1] Les *Militares das ordenanças* formaient un corps composé de tous les hommes qui n'étaient point aptes à servir dans la ligne ou dans les corps de milice : ils sont aujourd'hui supprimés.

ou pendant l'exercice, selon la forme de leurs règlements;

3° Ceux qui auront obtenu permission des juges
de paix.

ART. 299.

Les chambres municipales déclareront par des
édits quelles seront les armes offensives dont l'usage
pourra être permis par les juges de paix; les cas dans
lesquels ils pourront accorder des permissions, et aussi
quelles armes offensives pourront porter et employer
les personnes occupées d'un travail pour lequel elles
seront nécessaires.

CHAPITRE VI.

FABRICATION ET USAGE D'INSTRUMENTS POUR RAPINER.

ART. 300.

Fabriquer des passe-partout ou crochets, ou avoir
ou porter, soit le jour, soit la nuit, de ces instruments
ou d'autres propres à rapiner.

Peine: La prison avec travail de deux mois à trois
ans.

CHAPITRE VII.

USAGE DE NOMS SUPPOSÉS ET DE TITRES USURPÉS.

ART. 301.

Prendre un nom supposé ou changé, ou quelque
titre, distinction ou décoration qu'on n'a pas.

Peines : La prison de dix à soixante jours, et une amende égale à la moitié de la durée de la peine.

ART. 302.

Si, par ce moyen, on a obtenu ce qu'on n'aurait pu obtenir d'une autre manière.

Peines : Les mêmes que le coupable aurait encourues s'il fût parvenu à son but à l'aide de violence.

CHAPITRE VIII.

IMPRESSIONS CLANDESTINES.

ART. 303.

'Établir un atelier d'imprimerie, de lithographie ou de gravure sans déclarer, préalablement, à la chambre de la ville ou du bourg, son nom, le lieu, la rue et la maison où on prétend s'établir à l'effet d'être inscrit sur un livre spécial qui sera tenu, à cet effet, par les chambres, ou omettre de communiquer le changement de maison toutes les fois qu'il s'effectuera.

Peines : Une amende de douze à soixante mille reis.

ART. 304.

Imprimer, lithographier ou graver quelque écrit ou estampe sans y mentionner le nom de l'imprimeur, ou du graveur, le lieu où est l'atelier dans lequel a eu lieu l'impression, la lithographie ou gravure, et l'année de cette impression, lithographie ou gravure, soit que l'on manque à toutes ou à une de ces indications.

Peines : Perte des exemplaires dans lesquels se trouveront les omissions, et une amende de vingt-cinq à cent mille reis.

ART. 305.

Imprimer, lithographier ou graver faussement toutes ou quelqu'une des indications exigées par l'article précédent.

Peines : Perte des exemplaires, et une amende de cinquante à deux cent mille reis.

ART. 306.

Lorsque la fausse mention consistera à attribuer l'écrit ou l'estampe à un imprimeur ou graveur, à un auteur ou éditeur actuellement vivant.

Peines doubles.

ART. 307.

Omettre de donner au *promoteur* un exemplaire de l'écrit ou de l'ouvrage imprimé, dans le jour de sa publication et de sa distribution.

Peine : Une amende de dix à trente mille reis.

DISPOSITIONS GÉNÉRALES.

ART. 308.

Ce Code ne comprend pas

1° Les crimes de responsabilité des ministres et conseillers d'état qui seront punis des peines portées en une loi spéciale;

2° Les crimes purement militaires, lesquels seront punis conformément aux lois qui les concernent;

3° Les crimes contre le commerce, non spécifiés dans ce Code, qui continueront à être punis comme ci-devant.

4° Les crimes contre la police et l'économie particulière des provinces, non prévus par le Code, lesquels seront punis conformément aux ordonnances municipales.

ART. 309.

Tous les crimes commis avant la promulgation de ce Code, qui auront à être jugés en première ou deuxième instance, ou en vertu de la révision admise, seront punis des peines portées dans les lois antérieures, lorsqu'elles seront moindres; lorsqu'elles seront plus sévères, les délinquants pourront réclamer l'application de celles portées par le présent Code.

8.

ART. 310.

Toutes les actions ou omissions, qui, étant criminelles aux termes des lois antérieures, ne sont pas considérées comme telles par le présent code, ne seront
soumises à aucunes peines, sauf celles déjà prononcées
par des sentences passées en état de chose jugée où
pour lesquelles la révision n'est pas admise.

Sont exceptées

Les actions ou omissions non spécifiées dans le
présent Code qui, n'étant pas purement criminelles,
sont soumises à une amende ou à une autre peine par
les règlements des autorités ou par les lois sur la procédure, pour défaut d'accomplissement d'un devoir
ou d'une obligation.

ART. 311.

La peine des galères temporaires sera remplacée
par la prison avec travail pour le même temps, lorsqu'il y aura des maisons de correction dans les lieux
où les coupables accompliront leur sentence.

ART. 312.

L'accusation d'office continuera pour tous les crimes dans lesquels elle a eu lieu jusqu'à présent,
et pour ceux d'abus de la liberté de communiquer ses pensées; le promoteur accusera dans les
cas prévus par les articles 90, 99, 119, 242, 244,
277, 278 et 279.

ART. 313.

Demeurent révoquées toutes les lois contraires à la présente.

MANDONS, en conséquence, à toutes les autorités à qui la connaissance et l'exécution de ladite loi appartiennent, qu'elles l'observent fidèlement selon sa forme et teneur, et au ministre secrétaire d'état des affaires de justice de la faire imprimer publier et circuler.

Donné au Palais, à Rio-Janeiro, le 16 décembre 1830.

L'EMPEREUR.

Et plus bas :

Vicomte D'ALCANTARA.

Publié en la secrétairerie d'état des affaires de justice, le 8ᵉ jour de janvier 1831.

Pour l'official major empêché,

ANTOINE-ALOES DE MIRANDA-VAREJAÔ.

APPENDICE.

AU CODE CRIMINEL DU BRÉSIL [1].

Loi du 6 Juin 1831.

La régence provisoire, au nom de l'empereur Don Pédro II, fait savoir à tous les sujets de l'empire que l'assemblée générale a décrété et qu'elle a sanctionné la loi suivante :

ART. 1er.

Les individus compris dans l'article 285 du Code criminel seront punis de trois à neuf mois de prison.

ART. 2.

Est prohibée toute réunion nocturne de cinq ou d'un plus grand nombre de personnes dans les rues,

[1] Nous publions dans cet Appendice les lois intervenues au Brésil jusqu'au 1er janvier 1833 et qui ont apporté des modifications au Code criminel nous sommes redevable de leur communication à M. le chevalier da Rocha, ministre du Brésil, à Paris, à qui nous en exprimons ici toute notre reconnaissance.

places et chemins publics, sans quelque but légitime et avoué, sous peine de un à trois mois de prison.

ART. 3.

Toute personne qui, par quelque circonstance, se rend suspecte, soit de jour, soit de nuit, sera surveillée par les rondes et officiers de justice, afin de reconnaître si elle porte des armes, auquel cas elle sera conduite devant l'autorité compétente pour être procédé contre elle conformément à la loi.

ART. 4.

Les individus pris en flagrant délit, dans les crimes de police, ne seront point admis à fournir caution.

ART. 5.

Aux juges de paix est attribuée d'office la punition de tous les crimes de police, de la même manière qu'ils procèdent déjà à l'égard des délits commis contre les ordonnances municipales.

ART. 6.

Les juges de paix auront une autorité cumulative, dans toute l'étendue de la municipalité, sur les crimes de police : ils nommeront dans leurs districts les délégués qu'ils jugeront nécessaires avec telle autorité qu'ils croiront devoir leur confier, en faisant connaître cette autorité par un édit. Sont abolis les officiers de quartier.

ART. 7.

Chaque juge de paix pourra nommer jusqu'à concurrence de six officiers de justice.

ART. 8.

L'intendant général de police, les magistrats criminels de la capitale, les auditeurs criminels dés cours suprêmes de justice (*relacôes*) et ceux des districts (*comarcas*), dans les autres endroits de l'empire, exerceront cumulativement avec les juges de paix toutes les attributions de police qui leur compétent en vertu de cette loi et des lois antérieures.

ART. 9:

Les chanceliers des cours suprêmes de justice sont autorisés à confier, s'il est nécessaire, à un ou deux désembargados, de plus, le travail de l'auditoire (*ouvidaçia*) criminel; ces désembargados pourront se servir de quelque écrivain du tribunal.

ART. 10.

Pour assister les uns et les autres juges, le gouvernement est autorisé, en tant que les gardes nationales ne seront pas organisées, à enrôler, armer et employer comme telles, les citoyens aptes à être électeurs, en tel nombre qu'il jugera nécessaire, en leur fournissant des armes et des munitions aux frais du trésor public, lesquels citoyens seront tenus d'obéir et de comparaître armés à la réquisition des juges et de leurs délégués.

Art. 11.

Ces gardes, lorsqu'ils abuseront des armes ou de l'emploi honorable qui leur seront confiés, seront, en outre des peines qu'ils encourront à raison de leurs délits, déclarés incapables de servir comme tels d'un à trois ans.

Art. 12.

Le gouvernement, dans la province où se trouve la cour, et les présidents du conseil dans les autres provinces, pourront suspendre les juges de paix lorsqu'ils auront prévariqué ou qu'ils se seront rendus coupables de négligence dans l'exercice des attributions qui leur sont conférées par la présente loi.

Art. 13.

Les juges qui ne procéderont pas avec la diligence nécessaire à la recherche des individus impliqués dans des crimes publics et de police seront réputés complices; la responsabilité des juges de paix sera jugée devant les conseils actuels de jurés dans la forme usitée pour les délits relatifs à l'abus de la liberté d'exprimer ses pensées.

Art. 14.

Les autorités de police auront à leur porte et sur

leurs habits un signe distinctif déterminé par le gouvernement, afin d'être reconnues, respectées et obéies.

ART. 15.

Ceux qui se serviront faussement d'un tel signe distinctif seront punis d'un à trois mois de prison.

ART. 16.

Il est dès ce moment créé dans cette capitale deux nouveaux juges criminels avec leurs écrivains respectifs : le gouvernement assignera à ces juges, comme à ceux actuellement existants, des districts convenables dans les limites desquels ils devront résider.

ART. 17.

Seront nommés, pour exercer ces charges, des magistrats actuellement en exercice et dignes de la plus grande confiance ; pourront aussi être choisis à cet effet des désembargados des cours suprêmes de justice.

ART. 18.

Le gouvernement fera les règlements et instructions nécessaires pour la bonne exécution de la présente loi.

ART. 19.

Sont abrogées toutes dispositions contraires.

La régence mande en conséquence à toutes les autorités, à qui la connaissance et l'exécution de ladite loi appartiennent, qu'elles l'observent et fassent observer, et la gardent fidèlement suivant sa forme et teneur. Le secrétaire d'état des affaires de justice la fera imprimer, publier et circuler.

Donné au palais de Rio-Janeiro, le 6ᵉ jour du mois de juin 1831, et de l'indépendance ainsi que de l'empire le 10ᵉ.

Signé marquis DE CARAVELSAS-NICOLAS, PEREIRA DE CAMPOS, VERGUERIO-FRANÇOIS DE LIMA et SILVA.

Et plus bas :

MANUEL JOS. DA SONÇA-FRANÇA.

Cette loi a été publiée en cette secrétairerie d'état des affaires de justice le 7ᵉ jour du mois de juin 1831.   (L. S.)

Signé JEAN CARNEIRO DE CAMPOS.

Loi du 26 Octobre 1831.

La régence, au nom de l'empereur Don Pédro II, fait savoir à tous les sujets de l'empire que l'assemblée générale a décrété et qu'elle a sanctionné la loi suivante :

ART. 1ᵉʳ.

·Les crimes publics seront, tant qu'ils ne seront pas prescrits, poursuivis d'office par les juges de ·paix, lesquels procéderont à la constatation du corps du délit et ensuite à l'audition de deux à cinq témoins pour parvenir à la connaissance du coupable; et si celui-ci n'est point découvert au moyen de cette première enquête, il sera procédé contre lui, en quelque temps qu'il vienne à être connu, sauf toutefois le cas de prescription.

ART. 2.

Dans les crimes ci-dessus mentionnés, aussi bien que dans les crimes particuliers·de quelque nature qu'ils soient, la procédure, jusqu'à la mise en accusation et à la prise des coupables, sera instruite cumulativement par les juges de paix et les autres juges criminels, suivant les articles 8 et 9 du décret du 6 juin de la présente année; et, dans les cas où le jugement final ne leur appartiendra pas, ladite procédure sera remise au juge compétent pour provoquer la mise en accusation et pour suivre l'affaire dans ses phases ultérieures.

ART. 3.

L'usage, sans permission, de pistolets, espingoles, couteaux à pointe, poignards, alènes ou autre instrument perforant, sera puni de la peine de la prison

avec travail d'un à six mois; cette peine sera doublée
en cas de récidive, et la disposition du Code relative
aux armes prohibées demeurera en vigueur.

ART. 4.

Les peines portées contre les vagabonds par l'article 295 du Code sont élevées d'un à six mois de
prison avec travail, et au double en cas de récidive.

ART. 5.

Les offenses physiques légères, les injures et les
calomnies non imprimées, et les menaces, seront ré-
putées crimes de police et poursuivies comme tels.

ART. 6.

Les offenses physiques, les injures et les menaces
faites, dans l'exercice de leurs fonctions, aux juges de
paix, à leurs écrivains, aux officiers de justice et aux
patrouilles, seront poursuivies par le juge criminel
respectif ou par le juge de paix suppléant.

ART. 7.

Tout tumulte, tapage ou rassemblement bruyant
non spécifié dans le Code criminel, sera puni d'un à
six mois de prison avec travail.

ART. 8.

Dans les crimes de police et dans ceux qui seront
poursuivis par voie de police en vertu de la présente
loi, on ne délivrera point de sauf-conduits.

ART. 9.

Sont révoquées toutes lois ·ou dispositions à ce contraires.

La régence mande en conséquence à toutes les autorités, à qui la connaissance et l'exécution de ladite loi appartiennent, qu'elles l'observent et la fassent observer, et la gardent fidèlement suivant sa forme et teneur. Le secrétaire d'état des affaires de la justice la fera imprimer, publier et circuler.

Donné au palais de Río-Janeiro, le 26ᵉ jour du mois d'octobre de l'an 1831, de l'indépendance et de l'empire le 10ᵉ.

Signé FRANÇOIS DE LIMA et SILVA, JOSEPH DA CASTA CARVALHO, JEAN BRAULIO-MONIZ.

Et plus bas :

DIÈGUE ANTOINE FEIJO.

La présente loi a été publiée et scellée dans la secrétairerie d'état des affaires de justice, le 27 octobre 1831. (L. S.)

Signé JEAN CARNEIRO DE CAMPOS.

Loi du 7 Novembre 1831.

Là régence, au nom de l'empereur Don Pédro II, fait savoir à tous les sujets de l'empire que l'assemblée générale a décrété et qu'elle a sanctionné la loi suivante :

ART. 1er.

Tous les esclaves, venant du dehors, qui entreront sur le territoire ou dans les ports du Brésil, seront libres. Sont exceptés :

1° Les esclaves immatriculés au service des bâtiments, appartenant à un pays où l'esclavage est permis, pourvu qu'ils soient employés au service desdits bâtiments;

2° Ceux qui se seront enfuis d'un territoire ou d'un bâtiment étranger, lesquels seront remis aux maîtres qui les réclameront et réexportés hors du Brésil.

Pour les cas exceptionnels prévus sous le n° 1, il sera, lors de la visite d'entrée, pris note du nombre des esclaves avec les déclarations nécessaires pour en constater l'identité et pour vérifier, lors de la visite de sortie, si le bâtiment emmène ceux avec lesquels il est entré. Les esclaves qui seront rencontrés après la sortie du navire seront arrêtés et retenus jusqu'à ce qu'ils puissent être réexportés.

ART. 2.

Ceux qui importeront des esclaves au Brésil encourront la peine corporelle imposée par l'article 179 du Code criminel, à ceux qui réduisent à l'esclavage des personnes libres, et une amende de 200,000 reis par tête pour chacun des esclaves importés; ils payeront en outre les frais de la réexportation pour quelque point de l'Afrique; réexportation que le gouvernement fera effectuer dans le plus bref délai possible, en prenant avec les autorités africaines des arrangements pour qu'elles leur donnent asile. Les contrevenants seront responsables chacun pour soi, et chacun pour tous.

ART. 3.

Sont considérés comme importateurs :

1° Le commandant, maître ou contre-maître.

2° Celui qui, sciemment, soit en recevant le fret, soit à quelque autre titre, fournit un bâtiment destiné au trafic des esclaves.

3° Tous les individus intéressés dans l'entreprise, et tous ceux qui, sciemment, ont fourni des fonds, ou qui, par quelque autre motif, l'ont favorisée en aidant au débarquement ou en consentant qu'il eût lieu sur leurs terres.

4° Ceux qui, sciemment, achètent comme esclaves des individus déclarés libres en l'article 1er; ceux-ci ne seront obligés que subsidiairement à payer

9

les frais de la réexportation; mais ils sont sujets, du reste, à toutes les autres peines.

ART. 4.

Si les forces nationales arrêtent hors des ports du Brésil quelque bâtiment faisant la traite des esclaves, il sera procédé conformément aux dispositions des articles 2 et 3, comme si l'arrestation avait eu lieu dans l'intérieur de l'empire.

ART. 5.

Quiconque donnera avis et fournira les moyens d'appréhender un nombre quelconque de personnes importées comme esclaves, ou qui, sans dénonciation préalable ou sans mandat préalable du juge, opérera quelque arrestation de ce genre, ou qui, devant un juge de paix ou quelque autre autorité locale, donnera avis du débarquement de personnes libres comme esclaves, en telle sorte qu'elles soient appréhendées, recevra du trésor public une somme de trente mille reis par personne appréhendée.

ART. 6.

Le commandant, les officiers et les matelots d'un bâtiment qui aura opéré une arrestation, ainsi qu'il est prévu en l'article 4, ont droit au produit de l'amende, dont le partage sera fait entre eux suivant le règlement de la marine sur le partage des amendes.

ART. 7.

Il ne sera permis à aucun homme affranchi, qui n'est point brésilien, de débarquer dans les ports du Brésil sous quelque motif que ce soit; celui qui sera ainsi débarqué sera immédiatement réexporté.

ART. 8.

Les commandants, maîtres et contre-maîtres qui auront introduit les personnes mentionnées en l'article précédent, encourront une amende de cent mille reis par chaque personne, et payeront les frais de leur réexportation. Le dénonciateur recevra du trésor public une somme de trente mille reis par personne.

ART. 9.

Le produit des amendes imposées en vertu de la présente loi, après la déduction des primes concédées par les articles 5 et 8, et des autres dépenses que pourra faire le trésor public, sera attribué aux maisons d'enfants-trouvés de la province respective; et aux hôpitaux, lorsqu'il n'y aura pas de maisons de ce genre.

La régence mande en conséquence à toutes les autorités, à qui la connaissance et l'exécution de ladite loi appartiennent, qu'elles l'observent et la fassent observer, et la gardent fidèlement suivant sa forme et

9.

teneur. Le secrétaire d'état des affaires de justice la fera imprimer, publier et circuler.

Donné au palais de Rio-Janeiro, le 7ᵉ jour du mois de novembre de l'an 1831, de l'indépendance et de l'empire le 10ᵉ.

Signé FRANÇOIS DES LIMA et SILVA, JOSEPH DA COSTA CARVALHO, JEAN, BRAULIO-MONIZ.

Et plus bas :

DIÈGUE ANTOINE FEIJO.

Cette loi a été publiée et scellée dans la secrétairerie d'état des affaires de justice le 25 novembre 1831.

Signé JEAN CARNEIRO DE CAMPOS.

TABLE DES MATIÈRES.

TROISIÈME PARTIE.

DES CRIMES PARTICULIERS.

QUATRIÈME PARTIE.

DES CRIMES DE POLICE.

FIN DE LA TABLE.

www.ingramcontent.com/pod-product-compliance
Lightning Source LLC
Chambersburg PA
CBHW072047080426
42733CB00010B/2021